信息检索与图书馆资源利用

XINXI JIANSUO YU TUSHUGUAN ZIYUAN LIYONG

严 珊 主编

图书在版编目(CIP)数据

信息检索与图书馆资源利用/严珊主编.—武汉:中国地质大学出版社,2023.12
ISBN 978-7-5625-5763-0

Ⅰ.①信… Ⅱ.①严… Ⅲ.①情报检索 Ⅳ.①G252.7

中国国家版本馆 CIP 数据核字(2024)第 005569 号

信息检索与图书馆资源利用			严　珊　主编
责任编辑:杨　念	选题策划:杨　念		责任校对:宋巧娥
出版发行:中国地质大学出版社(武汉市洪山区鲁磨路388号)			邮编:430074
电　　话:(027)67883511	传　　真:(027)67883580		E-mail:cbb@cug.edu.cn
经　　销:全国新华书店			http://cugp.cug.edu.cn
开本:787毫米×1092毫米　1/16		字数:214千字	印张:9.25
版次:2023年12月第1版		印次:2023年12月第1次印刷	
印刷:武汉市籍缘印刷厂			
ISBN 978-7-5625-5763-0			定价:98.00元

如有印装质量问题请与印刷厂联系调换

前　言

图书馆作为信息资源的重要承载和传播机构,在数字化时代面临着新的机遇和挑战。信息爆炸式增长、网络化传播和多样化的信息资源形态使信息检索与图书馆资源利用成为图书馆学科领域的重要研究方向。本书旨在介绍信息检索与图书馆资源利用的基本理论、方法和实践,帮助图书馆从业人员和相关专业人员更好地掌握信息检索与图书馆资源利用的核心概念、技能和方法,提升信息服务和资源管理的能力。

本书从信息检索的基本原理和技术入手,介绍了信息检索模型、检索词和查询语句的构建、检索策略和评价、信息检索工具和系统的应用等内容。同时,本书还涵盖了图书馆中常用的信息资源类型、常用数据库的使用方法,以帮助读者全面理解和掌握信息检索与图书馆资源利用的核心要点。

本书的特点在于理论与实践相结合,注重实际操作和案例分析,通过丰富的实例、图表,引导读者深入了解信息检索和图书馆资源利用的理论与实践。同时,本书还分析了信息检索和图书馆资源利用在数字化时代的发展趋势,探讨了信息检索与图书馆资源利用面临的挑战,以引导读者关注信息环境的变化和发展趋势,培养其在信息服务与资源管理中的创新意识和实践能力。

本书可供图书馆学和信息科学专业学生、图书馆从业人员以及相关研究者参考,希望它能帮助读者深入了解和掌握信息检索与图书馆资源利用的理论和实践,提升其在图书馆信息服务和资源管理领域的专业素养和实践能力。

严　珊

2023 年 6 月

目 录

第1章　信息检索概述 (1)
　1.1　信息的概念 (1)
　1.2　信息的特征 (3)
　1.3　文献信息的类型 (3)
　1.4　信息检索的概念和类型 (7)
　1.5　信息检索的发展过程 (9)
　1.6　信息素养教育 (10)

第2章　信息检索原理与步骤 (17)
　2.1　信息检索原理 (17)
　2.2　数据库结构 (18)
　2.3　检索语言 (19)
　2.4　检索技术 (23)
　2.5　信息检索步骤 (29)
　2.6　检索效果评价 (38)

第3章　图书馆与信息资源 (42)
　3.1　信息检索与图书馆服务的关系 (42)
　3.2　图书馆的信息资源 (43)
　3.3　图书馆信息资源的获取 (44)

第4章　图书馆常用数据库使用方法 (46)
　4.1　超星发现系统 (46)
　4.2　中国知网数据库 (56)
　4.3　中文期刊服务平台(维普) (65)
　4.4　万方数据资源系统 (72)
　4.5　中国人民大学复印报刊资料库 (87)
　4.6　Web of Science (95)

4.7 EBSCO 数据库 …………………………………………………………… (108)

第5章 信息检索综合利用 …………………………………………………… (120)

5.1 信息鉴别与筛选 …………………………………………………………… (120)

5.2 科技查新及应用 …………………………………………………………… (125)

5.3 学术论文撰写 ……………………………………………………………… (130)

第6章 信息检索发展趋势及挑战 …………………………………………… (135)

6.1 大数据、机器学习和人工智能在信息检索中的应用 ……………………… (135)

6.2 新技术和新方法对信息检索的影响和挑战 ……………………………… (138)

主要参考文献 ……………………………………………………………………… (140)

第1章 信息检索概述

在人类社会的演变和发展过程中,信息活动一直发挥着重要的积极作用。20世纪以来,随着科学技术的进步,信息、材料和能源已构成现代社会文明的三大支柱,人类文明进入信息时代。我们随时随地都在接受、传递、存储以及利用各种信息。本章作为导引章节,将从信息的概念和特征入手,详细介绍信息的类型,重点阐述信息检索的含义和发展以及信息素养的内容及其评价标准。

1.1 信息的概念

1.1.1 信息的定义

"信息"一词在英文、法文、德文中均是"information",我国古代用的是"消息",它来源于拉丁语中的"informatio",意思是解释、陈述。由于人们接触信息的角度不同,所以不同的人对信息给出了不同的定义和描述。信息论的奠基人香农(Shannon)认为"信息是用来消除随机不确定性的东西",这一定义被人们视为经典性定义并加以引用。

在我国国家标准《信息与文献 术语》(GB/T 4894—2009)中,信息是指物质存在的一种方式形态或运动状态,也是事物的一种普遍属性,一般指数据、消息中所包含的意义,它可以使消息中描述事物的不确定性减少。这一解释基本涵盖了对信息的属性(客观存在性)、作用(消除不确定性)及形式(数据、消息等事实)的定义。

1.1.2 知识、情报、数据与信息的关系

1. 知识

知识是人类对世界的认识和理解,它是通过对信息进行加工、整理和组织而形成的。

信息是构成知识的原材料,而知识是对信息的深入思考和理解。随着人类对自然界、社会以及思维方式的认知不断深入,新的知识不断涌现并不断积累。这些知识的积累对推动经济发展和社会进步具有重要作用。在知识经济社会中,知识成为一种重要的资源,它的获取和应用对于个人和组织来说具有巨大的价值。在现代社会中,拥有知识和信息的人往往能够在竞争中处于优势地位,因为他们能够更好地理解和应用知识来解决问题、创新和发展。

2. 情报

在不同的情报观中,情报被解释为人们为解决特定问题而被活化了的更为高级、更为实用的知识,可以是军事方面的信息或其他人们需要利用的信息和知识。各种定义都反映了情报的特性和用途,而实际上,情报的定义和理解可能因学科、背景和上下文而有所不同。

军事情报观:将情报定义为军事领域中获取和报告的有关敌方情况的信息。根据这一观点,情报是通过侦察手段或其他方式获得的关于对方的信息,用于分析、研究和向上级报告。

信息情报观:将情报定义为被人们利用和传递的信息。根据这一观点,情报是人们感知并可交流的信息,包含了最新的知识,可以满足特定对象的需求。

知识情报观:将情报定义为有教益的知识的传达,以及使原有的知识结构发生变化的那小一部分知识。根据这一观点,情报是通过存储、传递和转换来实现的知识,它能够改变人们已有的知识结构。

3. 数据

数据是指未经加工的事实或对客观事物的描述,它可以是各种形式的符号,如文字、图像、视频、音频等,用于表示客观事物的属性、数量、位置以及相互关系等。数据是一种可识别的、抽象的符号,它们可以记录和存储,并在经过加工和处理后转化为信息。数据是信息的基础,而信息是对数据进行加工和解释后所得到的有意义的结果。数据转化为信息时需要进行适当的处理和解读,以使其具备实际应用的能力。

信息可以被人们感知、利用和交流,是被人们所利用的数据。信息和数据是形与质的关系,信息是数据的内涵。知识是一种具有普遍性和概括性的信息,存在于人们的大脑中,是对世界认识和实践的结果。情报是经过激活过程活化了的知识,它是经过分析、研究和加工后产生的,为社会所利用并产生一定的服务效果。这四个概念之间形成了一个循环的过程,数据转化为信息,信息进一步转化为知识,知识又通过加工和传递转化为情报,而情报的应用又会产生新的信息,从而形成了一个无限循环的过程。这一过程反映了人们对世界认知的深化和实践的推动。

1.2 信息的特征

信息一般由信息源、内容、载体、传输和接收者五部分构成。信息具有以下七个特征。

(1)普遍性:信息存在于自然界、社会和人类思维活动中,无处不在且无时不有,是物质存在和运动状态的体现。

(2)存储性:信息可以通过不同的介质进行存储,例如大脑、纸张、光盘和计算机存储器等。信息必须依附于介质才能存在。

(3)可识别性:信息是对客观事物经过感知或认识后的再现。信息必须具有可识别性,即可以通过感官或测试手段进行识别。

(4)传播性:这是信息的本质特征。信息需要经过传播才能被接收和利用。语言、表情、媒体和网络等是人们常用的信息传播方式。

(5)共享性:信息具有共享性,可被多个接收者共享。同一信源可以供给多个信宿。

(6)时效性:信息具有时效性,及时的信息能够产生积极的效果,而过时的信息会失去其价值,并可能导致误解。

(7)可塑性:人们可以根据需要对信息进行加工、整理和转换,将其转化为不同的形态,例如语言、文字、图像、电磁波信号或计算机代码等。

1.3 文献信息的类型

信息资源来源广泛、包罗万象、良莠不齐、分类不同、用途各异。它既没有统一的组织管理机构及质量鉴定部门,也没有统一的目录索引可查可控。考虑到读者在学习及研究活动中,主要接触和使用的大多为信息资源中比较核心的内容——文献信息资源,在此不对信息资源总体情况作全面和细致的描述,而只是针对文献信息资源的构成情况及其特征进行必要的介绍,旨在帮助大家更加有效地利用它们。

"文献是记录知识的一切物质载体"(GB3792.1—83)。我们把来自各种渠道、表现出各种特征的文献信息的总和称为文献资源。为了全面正确地了解认识、把握利用文献资源,我们将从不同的角度与层面对文献资源的构成及特征予以描述和划分。

1.3.1 按文献信息加工程度划分

按加工程度的不同,可以将文献信息资源分为零次信息、一次信息、二次信息和三次信息。

零次信息:零次信息是指最原始的未经出版发行或未以公开形式进入社会交流的信息。它可以以人的表象形态、环境和实物形态,或未公开发表的原始记录形态存在。由于其特殊的传播方式和广泛性,收集和保存零次信息是相当困难的。

一次信息:一次信息是指第一次书写或出版的信息。一次信息包括期刊论文、专利文献、科技报告、会议记录、学位论文等,具有创新性、实用性和学术性等特点。一次信息是数量最大、种类最多、所包括的新鲜内容最多、使用最广泛、影响最大的文献类型。

二次信息:二次信息是对一次信息进行加工、分析、改编、重组、综合概括后生成的信息。二次信息主要用于报道、检索、管理和控制一次信息,它包括目录、题录、索引、网络数据库等形式。在信息量激增的社会中,人们更加关注和热衷于使用网络数据库资源,因为它具有浓缩性、汇集性和有序性。

三次信息:三次信息是对一次信息和二次信息进行汇集、加工、分析、改编、评述、综合概括后生成的信息。三次信息可以分为两大类型:一是系统阐述某个领域内容、意义、历史、现状和发展趋势的综述报告、述评报告、研究报告等;二是将大量的原理、数据、定理、公式、方法等知识进行浓缩和概括,编写成便于查阅的参考工具书,如手册、百科全书、指南、年鉴等。三次信息具有较高的系统性和针对性,具有一定的检索功能,具有较大的参考价值。

1.3.2 按文献信息的表现形式划分

1. 图书

联合国教科文组织将图书定义为:由出版社(商)出版的不包括封面和封底在内49页以上的印刷品,具有特定的书名和著者名,编有国际标准书号,有定价并取得版权保护的出版物。这些图书编有国际标准书号(international standard book number,ISBN)。图书的类别包括专著、教科书、科普读物和专业参考工具书等。传统纸质的图书出版周期长、体积大,并且信息更新速度较慢。然而,随着电子版图书的出现,这一缺点得到了弥补。电子版图书以电子形式存在,可以通过电子设备(如电子阅读器、平板电脑、智能手机)进行阅读。相比纸质图书,电子版图书具有便携性和可搜索性的优势,并且可以实现快速更新和在线获取。对于正规出版的普通图书,都会分配一个国际标准书号。从2007年1月1日起,ISBN由10位数字升级为13位数字,以适应更多的图书出版和标识需求。图书作为信息源具有内容系统、成熟、定型和可靠性强的特点,是人们进行学习和研究时不可或缺的重要信息来源。

2. 期刊

期刊是一种有固定名称、定期或依据宣布期限出版的连续出版物。相较于图书,期刊最显著的特点是发行量大且具有连续性。它的出版周期较短,内容更新迅速,并能够快速反映科技研究成果的最新信息。期刊是重要的文献信息源,许多主要检索工具都以期刊为主要收录对象(约占90%以上),因此人们可以更快、更便捷地查找所需资料。每种期刊都有一个独特的国际标准连续出版物号(international standard serial number,ISSN),由8位数字组成,分为两段,每段有4位数字。例如,ISSN10021027、ISSN1002655X。期刊名称发生变更时,需要重新申请ISSN;期刊停刊后,该ISSN也不会再被其他期刊使用。

3. 会议文献

会议文献是指在国内外学术团体举办的专业会议上发表和交流的论文或报告。这些文献具有专业性强、内容新颖、学术水平高等特点。大部分会议文献都是某个学科领域内的新成果、新理论和新方法。与期刊相比,会议文献能够更快速地传播学术信息,能够及时反映某学科或专业领域的最新成果和发展动态。对于科研工作来说,会议文献是不可或缺的重要信息源。

4. 学位论文

学位论文是高等院校或研究机构的学生在导师的指导下完成的科技研究或科技试验成果的书面报告。撰写的学位论文经过专家评审鉴定并通过后,学生才能获得学位。学位论文具有较强的学术性,它要求作者在特定的研究领域做出原创性的贡献,并且往往包含独到的见解和深入的分析。学位论文通常以纸质形式保存在授予学位的院校或研究机构的图书馆等机构中,供学术界和研究者参考。同时,许多学位论文也会被转化为电子数据,并通过网上数据库进行检索和获取。

5. 专利

专利是记录有关发明创造信息的文献,包含技术信息、法律信息和经济信息。专利可以包括专利申请书、专利说明书、专利公报和专利检索工具等。专利具有独创性、实用性和新颖性等特征,是重要的技术经济信息来源。

6. 科技报告

科技报告是各学术团体、科研机构、大学研究所的研究报告及其研究过程的记录。科技报告具有较强的理论性,反映了某一领域科研的进展状况和发展动态。然而,科技报告往往具有较高的保密性，获取起来较为困难。一些著名的科技报告包括 pb 报告、ad 报告、nasa 报告和 doe 报告。

7. 政府出版物

政府出版物是由政府机构制作出版或由政府机构编辑并授权指定出版商出版的文献。政府出版物包括行政性文献信息和科学技术文献信息。行政性文献包括宪法、司法文献等，而科学技术文献主要指政府出版物中的科技报告、标准、专利文献、科技政策文件等。行政性文献占政府文献信息的大部分，而科学技术文献相对较少。

8. 报纸

报纸是定期连续出版物中出版周期最短的一类。报纸的特点是内容新、涉及面广、读者众多、影响广泛。报纸与图书和期刊的最主要区别是及时性，也称为新闻性和时间性。报纸能够迅速报道最新的新闻和事件，满足读者对时事信息的需求。

9. 技术标准和规范

技术标准和规范是按照规定程序制定、经公认权威机构批准的一整套在特定范围内必须执行的技术规范、技术标准、操作规程、建议、准则、术语、专有名词等文件。它们用于规范和指导特定领域的技术活动，确保产品、服务和过程的质量、安全性和相容性。广义的标准还包括标准化工作相关的一切文献，例如标准形成过程中的档案、宣传推广标准的手册和目录索引等。

10. 产品资料

产品资料是制造厂家和产品销售者用于宣传介绍其产品的文献信息。它包括产品目录、产品说明书、产品样本等。通过产品资料，消费者和用户可以了解产品的特性、性能、用途以及厂家的工艺水平和管理水平等信息。产品资料通常具有直观性，但时间性较强，使用寿命短，理论内容介绍有限。

11. 档案

档案是国家机构、社会组织以及个人从事政治、军事、经济、科学、技术、文化、宗教等活动中形成的具有保存价值的各种文字、图表、声像等不同形式的历史记录。它们是完成了传达、执行、使用或记录现行使命而被保留备查的文件材料。技术档案具有技术性、适用性、保密性等特征，对于研究和了解过去的技术发展和应用有重要价值。

12. 灰色文献

灰色文献是对一些特殊类型的文献信息的总称，通常被视为非公开出版物。这些文献的研究内容可能尚不成熟,流通渠道较为特殊,没有固定的形式。由于制作份数少,很容易绝版,但是往往具有特殊的参考价值。灰色文献包括各种非正式的报告、内部文件、未公开的研究报告、会议论文等,对于一些特定领域的研究和信息获取具有重要意义。

1.3.3 按文献信息的载体划分

信息可通过不同的手段记录存储在不同的载体中,按其载体形式可分为印刷型信息、缩微型信息、声像型信息及电子型信息。

(1)印刷型信息是以纸张为载体,通过印刷方式记录的信息形式,如图书、期刊、报纸等。它便于阅读和流通,但存储密度较低。

(2)缩微型信息是利用缩微摄影技术将信息记录在缩微胶片或平片上的信息形式。它的优点是体积小、存储密度高、保存期长,但需要借助缩微阅读机才能阅读。

(3)声像型信息是以磁性和感光材料为存储介质记录图像和声音的信息形式,如录音带、唱片、录像带等。它可以提供直观、亲切、表现力强的音像信息。

(4)电子型信息是将信息以数字代码的形式存储在磁、光、电介质上,并通过计算机阅读的信息形式。它具有存储量大、传递迅速、存取速度快、易复制和共享性好等特点,可以包含文本、图像、声音等多媒体信息。

随着计算机技术与通信技术的发展与融合,又产生了一种新型载体的文献信息源,这就是多媒体型(multi-media)信息。多媒体型信息源是一种混合了不同载体形式的信息源,利用计算机、通信、数字、超文本或超媒体技术实现文字、图像、动画、声音等多种信息媒体的综合展示和人机交互对话。它使全球信息共享成为可能。

1.4 信息检索的概念和类型

1.4.1 信息检索的概念

信息检索是指将信息按一定的方式组织和存储起来,并根据信息用户的需求找出所需信息的过程和技术。也就是说,广义的信息检索包括"存"和"取"两个环节,又称"信息存储和检索(information storage and retrieval)"。从广义来讲,信息检索又被定义为对信息项(information items)进行表示(representation)、存储(storage)、组织(organization)和存取(access)的过程和技术。

1.4.2 信息检索的类型

信息检索的划分标准多种多样,可以根据检索对象、检索方式、检索性质等进行划分。

1. 根据检索对象或检索内容划分

(1)文献检索(document retrieval):以文献为检索对象的信息检索。它是利用检索工具和系统查找文献线索、获取文献信息的过程。文献检索可以分为书目检索和全文检索。书目检索是利用书目、文摘、索引等工具检索,检索的结果只提供相关信息线索,如书名、题名、篇名、作者等;全文检索是指以文献的全部内容为检索内容的检索。

(2)数据检索(data retrieval):以数据为特定检索对象的检索。数据检索的目标是查找文献中的特定数据、公式、图表或某一物质的化学分子式等信息。数据检索是一种确定性的检索,其结果是经过核实和整理的可以直接利用的数据信息。

(3)事实检索(fact retrieval):以客观事实为对象的检索活动。事实检索是利用参考书、数据库等检索工具从存储事实的信息系统中查找特定事实的过程。它包括检索事物的性质、定义、原理,以及发生时间、地点、过程等信息。事实检索也是一种确定性的检索,其结果可以直接供用户利用。

2. 根据检索方式划分

(1)手工检索(manual retrieval):手工检索是指利用传统的印刷型检索工具,如文摘、目录索引、百科全书等进行信息检索。手工检索是一种人工操作的方式,它的优点是直观、灵活,无须依赖设备和网络,检索条件简单。在手工检索过程中,用户可以随时获取反馈信息并调整检索策略,查准率较高。然而,手工检索的缺点是容易漏检,检索速度较慢。

(2)机械检索(mechanical information retrieval):机械检索主要是借助力学、光学、电子学等技术手段进行信息检索。如机电信息检索中的机检穿孔卡片、选卡机以及以微缩胶卷(片)为检索方式的光电信息检索。

(3)计算机检索(computer retrieval):计算机检索是利用计算机技术对数字化信息进行存储和检索的过程。它包括脱机检索、联机检索、光盘检索和网络检索等形式。计算机检索是在手工检索的基础上发展起来的,随着计算机技术和通信技术的发展,计算机检索已成为信息检索的主要方式。与手工检索相比,计算机检索具有速度快、效率高、查全率高、不受时间和空间限制、输出方式多样化等优势。

3. 根据检索的性质划分

（1）全文检索（full text retrieval）：全文检索是指在数据库中对文章、著作等文本的全部内容进行查找的检索方式。用户可以根据需要获取文章中的任意部分，如章节、段落甚至词句，并进行各种统计和分析。全文检索适用于需要深入研究和分析文本内容的情况，提供了更全面和详细的信息。

（2）超文本检索（hyper text retrieval）：超文本检索是指对以节点和链接组成的网络信息进行检索的方式。在超文本中，信息通过语义链接结构连接在一起，用户可以使用系统提供的工具进行浏览和导航，跳转到相关节点查看信息。超文本检索强调节点之间的关联性和语义链接，提供了一种非线性的检索方式，适用于探索性搜索和跨库检索。

（3）超媒体检索（hyper media retrieval）：超媒体检索是指对存储的文本、图像、声音等多种媒体信息进行检索的方式。超媒体是一种多维存储结构，可以通过有向链接将不同媒体元素组织在一起。类似于超文本检索，超媒体检索也提供了浏览方式查询和跨库检索的功能，用户可以根据自己的需求浏览和检索不同类型的媒体信息。

1.5 信息检索的发展过程

信息检索的发展大概经历了手工信息检索、机械信息检索、计算机信息检索三个阶段。

1. 手工信息检索阶段

这是信息检索的早期阶段，人们依靠传统的印刷型检索工具，如文摘、目录索引和百科全书进行信息检索。手工检索的优点是直观、灵活，但缺点是容易漏检且速度慢。

2. 机械信息检索阶段

从 20 世纪 50 年代开始，随着机械技术的发展，出现了机械化的信息检索系统，如穿孔卡片系统。这种系统利用机械设备进行信息检索，提高了检索的效率和精度。

3. 计算机信息检索阶段

从 20 世纪 60 年代末开始，随着计算机技术的发展，出现了计算机信息检索系统。这一阶段根据信息技术应用程度的不同，可以分为脱机批处理检索、联机检索、光盘检索和网络检索四个阶段。

(1)脱机批处理检索阶段:在这个阶段,人们使用单台计算机的输入、输出装置,通过批量处理的方式进行检索,并将检索结果通知给用户,用户无须直接接触计算机。

(2)联机检索阶段:这一阶段出现了主机带多个终端的联机检索系统。用户可以使用终端设备直接与主机进行交互式检索,计算机对用户的提问能够及时处理并显示结果。联机检索系统具有分时操作功能,提升了检索的效率和用户体验。

(3)光盘检索阶段:从20世纪80年代中期开始,光盘数据库成为一种重要的检索媒介。光盘检索系统通过只读光盘存储各种类型的信息资源,提供了便捷的检索方式。随着时间的推移,光盘数据库的类型逐渐丰富,包括书目数据库、文摘数据库、事实数据库、全文数据库和多媒体数据库等。

(4)网络检索阶段:随着互联网的普及和发展,图书馆信息服务机构和数据库生产商纷纷加入到互联网中,提供各种信息服务。互联网极大地拓宽了信息检索的范围和途径,用户可以通过网络访问各种数据库和资源,获取丰富多样的信息。

1.6 信息素养教育

1.6.1 信息素养的概念

"信息素养"(information literacy)的本质为全球信息化时代中人们需要具备的一种基本能力。信息素养这一概念是美国信息产业协会主席保罗·泽考斯基在1974年提出的。1989年,美国图书馆协会(American Library Association,ALA)给出了信息素养的简单定义:人们能够敏锐地察觉信息需求,并能进行相应的信息检索、评估以及有效利用所需信息的水平。

《信息素养全美论坛的终结报告》再次对信息素养的概念作了详尽表述:"一个有信息素养的人,能够认识到精确和完整的信息是做出合理决策的基础;能够确定信息需求,形成基于信息需求的问题,确定潜在的信息源,制订成功的检索方案,从各种信息源获取信息,并对信息进行评价、组织以应用于实际,将新信息与原有的知识体系进行融合以及在批判思考和问题解决的过程中使用信息。"

1.6.2 信息素养四要素

信息素养包括信息意识、信息知识、信息能力、信息道德四个要素。它们共同构成一个不可分割的统一整体,其中信息意识是先导,信息知识是基础,信息能力是核心,信息道德是保证。信息素养四要素对于个人在信息时代中获取、理解、评价和应用信息具有重要意义。

1. 信息意识

信息意识是指人们意识到信息的存在和重要性。具备信息意识意味着人们能够意识到自己需要获取信息,并且对信息的准确性、可靠性和适用性有一定的判断能力。信息意识包括对信息需求的意识、对信息的敏感性和兴趣,以及对信息的评估和消化吸收能力。

2. 信息知识

信息知识是指人们对信息理论和信息技术方面的知识和方法的掌握程度。这包括对图书信息、检索技术、计算机技术和相关学科的了解。信息知识是信息素养的基础,它使个人能够理解和应用信息,并能够根据自己的信息需求进行信息搜索和筛选。

3. 信息能力

信息能力是指人们有效地获取、分析、评价、处理、创新和传递信息的能力。这包括选择适当的信息源和信息媒体,掌握检索语言,熟练使用各种数据库,对检索结果进行判断和评价,加工提炼信息,整合和创造信息,以及有效地交流和传播信息等。信息能力是信息素养的核心,它使个人能够在信息环境中独立、高效地解决问题和获取所需信息。

4. 信息道德

信息道德是指个人在信息活动中遵守的道德准则和行为规范。它涉及个人在使用信息资源时的合法性、合理性和道德性,包括遵守法律法规、尊重知识产权、遵循学术规范、正确引用和参考文献、保护个人隐私和信息安全等。信息道德是对个人、信息服务机构和整个社会在信息活动中的行为进行规范和约束的准则。

1.6.3 信息素养评价标准

美国学校图书馆员协会(American Association of School Librarians,AASL)和美国教育传播与技术协会(Association of Educational Communication and Technology,AECT)为大学生学习而研究制定了信息素养标准。该标准分为3个部分共9项(表1-1)。

表 1-1　信息素养标准

部分	标准
第一部分：信息素养	标准一：具有信息素养的学生有能力有效地确定信息
	标准二：具有信息素养的学生有能力批判性地评价信息
	标准三：具有信息素养的学生能准确和创造性地利用信息
第二部分：独立学习能力	标准一：有独立学习能力的学生具有信息素养，能寻求与个人兴趣有关的信息
	标准二：有独立学习能力的学生具有信息素养，能鉴别文献并对其他信息进行创造性表达
	标准三：有独立学习能力的学生具有信息素养，在信息查找和知识生产方面占有优势
第三部分：社会责任	标准一：对学习化社区和社会积极尽力的学生具有信息素养，能认识到信息对一个民主社会的重要性
	标准二：对学习化社区和社会积极尽力的学生具有信息素养，能实践关于信息与信息技术的伦理学行为
	标准三：对学习化社区和社会积极尽力的学生具有信息素养，在集体中积极参与跟踪和生产信息

美国大学与研究图书馆协会（The Association of College and Research Libraries，ACRL）制定的《美国高等教育信息素养能力标准》，为高等教育信息素养能力提供了评价的框架。它包含 5 项标准和 22 项具体的评价指标（表 1-2）。

表 1-2　高等教育信息素养能力标准

标准	评价指标
标准一：具备明确信息需求的内容与范围的能力	定义与形成信息需求
	能够识别多种类型与格式的潜在信息源
	知道获取信息的费用以及产生的效益
	具备对所需信息内容与范围进行重新评价的能力

续表 1-2

标准	评价指标
标准二：高效地获取所需信息的能力	选择合适的调查方法或信息检索系统，以获取所需信息
	构建与实施有效的检索策略
	利用联机检索终端或使用一些方法检索所需信息
	必要时改进检索策略
	获取、记录、管理信息与信息源
标准三：能客观审慎地评估信息与信息源，并将其纳入信息库与评价系统	具有从所获取的信息中提炼信息主题的能力
	为评估信息与信息源形成最初的标准
	能复合主题概念以形成新的概念
	能通过对新旧知识的比较而确定信息的增加值
	能确定新的知识对个人价值体系的影响，并使其融合于个人的价值体系中
	能通过与个人、领域专家及其他人员的交流，对信息的理解与解释的有效性加以判断
	决定是否有必要修订初始的查询
标准四：个人或作为一个团体的成员能有效地利用信息以完成特定的任务	能够利用各种可获得的信息以完成计划，并产生特定的信息产品或成果
	修订产生信息产品或成果的过程
	有效地将信息产品、成果与他人交流
标准五：了解有关信息使用的经济、法律以及社会因素，获取与使用信息要符合道德与法律规范	了解信息与信息技术使用的相关法律、道德伦理以及社会经济问题
	在存取、使用信息资源时能够遵守法律法规、信息资源提供的规定以及约定俗成的一些规则
	对引用的成果致谢

《高等教育信息素养框架》（简称《框架》）是美国大学与研究图书馆协会于 2000 年发布的具有广泛影响的《高等教育信息素养能力标准》的修订版。与以前的文件不同，《框

架》不再将信息素养限定为一项去情境化的技能,而是采用概念性的方法将信息、研究和学术方面的相关理念融为一体。《框架》以 6 个阈值概念概括信息素养教育应该包括的基本方面,并分知识实践(knowledge practice)、品质(dispositions)对 6 个阈值概念进行了详述(表 1-3)。

表 1-3 高等教育信息素养框架

阈值概念	知识实践	品质
阈值一:权威是建构的且有其背景	包括如何定义权威,如何确定信息源的可信度等	获得的品质包括形成和保持开放的观念;激励自己发现权威信息源,认识到权威可能以意外的方式呈现;形成对以怀疑的眼光评价内容的重要性的认识等 5 项内容
阈值二:信息创造是一个过程	包括能明确表述通过不同途径产生信息的价值和局限;能评价信息创造过程和具体信息需求的匹配度等	包括寻找信息产品中能够表示其基本创造过程的标志的习惯;重视把信息需求与适当的信息产品进行匹配的过程等 6 项
阈值三:信息具有价值	包括通过恰当引用和归因对他人的原始观点给予信任;理解知识产权是一个因文化差异而不同的法律和社会概念等	包括尊重他人的原创;重视生产知识所需要的技能、时间等;把自己视为信息市场的生产者而不仅仅是消费者;习惯于检查自己的信息权利等 4 项
阈值四:研究是一种探索	包括基于信息的纰漏或对现有信息(可能是冲突的信息)的重新审视提出研究问题;恰当确定研究范围;通过对复杂问题简单化限制研究范围等	包括把科学研究看成是不会停止的探索过程,而且与信息关系密切;意识到一个问题可能看似简单,但依然会给研究带来困扰且比较重要;维持开放观点和辩证思维等 9 项
阈值五:学术是一种交流	包括在自己的信息产品中引用他人有价值的著作;在一个适当的层次(如在线社区、有引导的讨论等)对学术交流做出贡献等	包括认识自己正在进入的是一个持续且不会结束的学术交流过程;寻找在他们自己领域正在发生的学术交流活动;把自己看成是学术的贡献者而不仅仅是消费者等 8 项

续表 1-3

阈值概念	知识实践	品质
阈值六：检索是战略性探索	包括确定满足信息需求所需的检索任务的范围；确定与检索任务相关的群体，如学者、组织、政府和企业（他们可能创造一个话题的有关信息，并决定如何检索使用这些信息）等	包括展示自身的灵活性和创造性；理解第一次检索尝试并不总会得到满意的结果；认识到信息源在形式和内容上都是有差异的，针对不同的需求和检索特点，会呈现不同的相关性和价值等8项

1.6.4 信息素养与创新能力

创新能力是指个体在面对问题和挑战时，能够产生新颖、独特和有创意的想法和解决方案的能力。它强调个体在解决问题和推动变革过程中的创造性思维和行动，个体能够应对不确定性和风险，积极追求新的机遇和可能性，从而实现创新和创造的目标。创新过程包括发现问题、分析问题、提出假设、论证假设、解决问题，应对事物勇于批判、敢于质疑。创新包括创新意识、创新智能、科技素质和创新环境等方面的要素。创新意识是创新的前提，是激发创新能力的动因；创新智能（包括观察能力、思维能力、想象能力、操作能力）决定了创新成功的可能性和创新的水平；科技素质是创新的基础；创新环境则为创新营造氛围，是提高创新能力的重要条件。

信息素养与创新能力存在着密切的关系，两者相互影响。具有良好信息素养的个体能够更好地获取和评估信息，拓宽知识视野，为创新提供更多的素材和灵感。信息素养使个体具备了较好的信息搜索、整理和应用能力，能够更有效地进行创新的研究和实践。同时，创新能力的培养也需要信息素养的支持和基础。创新过程中，个体需要大量的信息资源来进行探索和思考，而信息素养能够提供获取和利用信息的技能和意识，支持创新能力的发挥。可以说，具备信息素养是拥有创新能力的基础和前提。信息素养提供了个体在信息社会中运用知识的基本能力，为创新能力的发展提供了必要的条件。而创新能力则是信息素养的延伸和发展，是将信息素养转化为创新思维和行动的能力。信息素养和创新能力相辅相成，在信息时代中共同促进个体综合能力的提升和发展。

1.6.5 信息素养教育的目标

信息素养教育的目标是培养终身学习的能力和习惯。在信息时代，知识更新的速度非常快,不断学习和更新知识成为一种必然的需求。终身学习是指个体在整个生命周期中持续学习、不断适应和应对变化的能力。

信息素养教育注重培养学习者的自主学习能力和信息获取能力,使其具备主动学习的动力和能力,能够主动获取、筛选和整合信息资源,并将其应用于解决实际问题和创新实践中。终身学习的目标是使个体具备以下能力和特征。

(1)自主学习能力:个体能够主动发现学习需求,设定学习目标,并制订学习计划和策略。能够有效地利用各种信息资源,进行自我学习和自我提升。

(2)批判性思维能力:个体具备批判性思维的能力,能够对所接触到的信息进行评估和分析,判断信息的可信度和适用性,形成自己的观点和判断。

(3)解决问题的能力:个体具备解决问题的能力,能够运用所学的知识和技能,结合信息资源,分析和解决实际问题,并提出创新性的解决方案。

(4)持续学习的意识:个体具备持续学习的意识和习惯,能够持续学习新知识、新技术,关注新趋势,不断更新自己的知识和技能。

(5)团队合作能力:个体具备团队合作的能力,能够与他人合作,共同学习和解决问题,通过合作在与他人的交流及互动中获取新的知识和经验。

(6)反思和自我调整能力:个体具备反思和自我调整的能力,能够及时回顾和总结学习经验,发现不足并进行改进,不断完善自身的学习能力和成长过程。

第 2 章　信息检索原理与步骤

信息资源共享(information resource sharing)是当今社会的一个热点问题。为了分享人类共同的知识财富，人们必须通过一种科学的方法从取之不尽的信息源中去识别和获取所需要的那部分信息，这个过程就是检索。本章主要阐述信息检索的原理与方法，详细描述检索过程中检索词的选择，以检索技术的分类作为铺垫，对常用的检索逻辑词进行介绍，最后介绍信息检索的策略调整和效果评价。

2.1　信息检索原理

信息检索的基本原理是通过对大量分散无序的文献进行搜集、加工、组织、存储，建立各种各样的检索系统，并通过一定的方法和手段使存储与检索这两个过程所采用的特征标识达到一致，以便有效地获得和利用信息源。其中，存储是检索的基础，检索是存储的目的。文献信息存储和检索的全过程可用图 2-1 表示。要完成这种匹配与选择，要做好以下 3 个方面的工作。

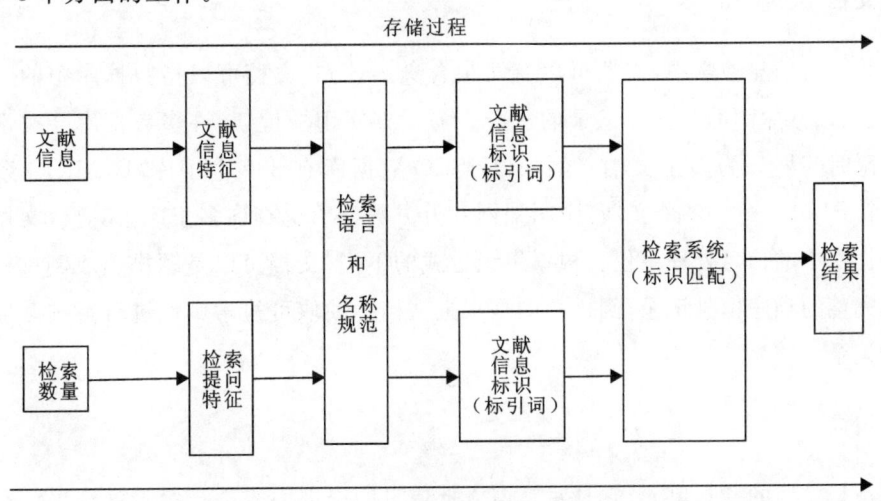

图 2-1　信息检索的基本原理

(1)文献著录:文献著录是对文献资源进行描述的过程,以创建文献的替代文献。著录通常包括文献的外表特征和内容特征的描述。外表特征包括题名、著者、出处等信息,内容特征包括分类号、主题词、摘要等信息。通过著录,可以对文献进行标准化的描述,方便后续的文献整序和检索。

(2)文献整序:文献整序是对替代文献进行标引的过程,为文献赋予标识,如分类号、主题词等。通过对文献进行标引,将所有的替代文献按照其标识进行有序的组织和排列,形成可检索的信息资源集合。文献整序的目的是建立起文献的组织结构,使得用户可以通过标识来查找和访问所需的文献资源。

(3)文献特征标识与检索提问标识的匹配:在进行文献检索时,检索者需要使用与检索系统相匹配的标识作为提问标识。通过将检索者提出的问题与系统中的文献特征标识进行比较,可以找到与提问标识匹配的文献线索,从检索系统中检索出相应的文献结果。这个过程是在文献著录和文献整序的基础上,通过标识的匹配来实现文献的检索和获取。

2.2 数据库结构

随着计算机和通信技术的快速发展,传统的手工检索工具已逐渐被由计算机进行编辑、加工、存储的各种新型数据库所取代。数据库是至少由一种文档组成,能满足特定目的或特定数据处理系统需要的数据集合。从用户的使用角度考虑,数据库主要由文档、记录和字段构成。

1. 文档

在计算机信息检索中,文档可以有两个含义。首先,文档可以指数据库中的一个子库,也就是数据库中的一部分记录的集合。为了方便用户检索,许多数据库会按学科专业或年限时间划分为多个文档。例如,EBSCO 数据库有 350 个子库,DIALOG 系统有 600 多个子库和 1200 多个文档,中国知网和万方数据库也有许多子库。其次,文档也可以是数据库中的信息处理单位。根据组织方式的不同,文档可以是顺排档或倒排档。顺排档是完整的顺序信息记录,倒排档则是从主文档中抽取可检索属性进行重排派生而来的数据记录。

2. 记录

记录是文档的基本单元,它是对某篇文献信息的全部内容进行揭示的结果。在文献型数据库中,一条记录通常包含了文献的文摘、题录或全文等信息。用户通过检索系统搜索到的结果往往以记录的形式呈现。

3. 字段

字段是构成文档中记录的基本组成部分。一条记录通常由5~25个描述性字段组成,并且每个字段都有一个用于计算机识别的字段标识符。一些常见的字段标识符包括:AU,著者字段(author);TI,题名字段(title);PY,出版年字段(publication year)。

通常情况下,每个字段都可以作为检索路径或检索入口词,用户可以使用字段标识符来指定检索的范围或条件,以获取符合需求的文献记录。

2.3 检索语言

检索语言通常由一系列规则、符号和操作符组成,用于描述和表达用户的信息需求。它提供了一种结构化的方式来表示用户的检索需求,以便与存储在检索系统中的文献信息进行匹配和检索。通过使用检索语言,用户可以明确地表达所需信息的内容、关系和限制条件,以获得与其需求最匹配的文献结果。

标引是指为文献信息分配关键词或主题词的过程,它是建立检索系统的基础。通过标引,文献信息被赋予了具有代表性和表征性的术语,以便在检索过程中能够准确地表示文献的内容。标引语言是一种特定的语言体系,用于描述和规范标引过程中使用的术语和规则。标引语言与检索语言密切相关,两者相互补充,共同构建了一个完整的信息检索系统。

通过使用统一的检索语言和标引语言,可以确保文献信息在存储和检索过程中的畅通无阻。检索系统能够准确地解读用户的检索请求,通过匹配检索语言中的关键词、操作符和限制条件,从大量的文献信息中筛选出与用户需求最相关的结果。同时,标引语言的准确和一致性也为用户提供了可靠的检索工具,使其能够更加方便地获取所需的文献信息。总而言之,检索语言是信息检索系统与用户进行信息交流的重要工具,它确保了检索系统能够存储、检索文献信息。通过使用统一的检索语言和标引语言,可以提高检索系统的准确性和检索效率,为用户提供更好的信息检索体验。

2.3.1 检索语言分类

检索语言是根据文献标引与检索的需要、在自然语言的基础上规范化的人工语言,它贯穿于文献存储与检索的全过程,是沟通标引人员和检索人员双方思想的约定语言,也有人称其为"标定符号"或"标识系统"。

检索语言的种类颇多,按描述文献信息的特征进行划分是目前常见的一种划分方式,如表 2-1 所示。

表 2-1　检索语言分类

文献信息特征	检索语言分类	
文献信息的外表特征	题名语言	
	著者语言	
	号码语言	
文献信息的内容特征	分类语言	体系分类语言
		组配分类语言
		混合分类语言
	主题语言	单元词语言
		标题词语言
		叙词语言
		关键词语言

由于描述文献信息外表特征的检索语言,其文献标识与检索依据简单明了,如题名、著者、号码等不必再另行制定符号加以标注,因此,通常所称的检索语言,实际上是描述文献信息内容特征的检索语言,即分类语言和主题语言。

2.3.2　分类语言

分类语言是将文献信息按学科、事物性质的等级体系加以排列,用分类号来表达文献主题概念的检索语言。分类语言的具体表现形式就是分类表(法)。分类表(法)是分类和组织文献信息以及用户检索文献的共同依据。

分类语言有三种,较常用的是体系分类语言。体系分类语言以文献内容的学科性质为对象,从学科分类观点出发,运用概念划分的方法,将知识分门别类地按逻辑次序,从总到分、从一般到具体、从低到高、从简到繁进行层层划分,逐级展开一个层类制的等级结构体系。如《中国图书馆分类法》(原称《中国图书馆图书分类法》,简称《中图法》)、《中国科学院图书馆图书分类法》(简称《科图法》)、《杜威十进图书分类法》《国际十进分类法》都是比较典型的体系分类语言。

下面以《中图法》为例说明其构成。《中图法》是我国编制出版的一部具有代表性的大型综合性分类法,自1975年第一版出版以来,不断修订,现已成为国内图书情报部门使用较广泛的一部分类法。为适应不同图书信息机构及不同类型文献分类的需要,它还有几个配套版本:《中国图书资料分类法》《中国图书馆图书分类法(简本)》和《〈中国图书馆图书分类法〉期刊分类表》等。第五版印刷本于2010年出版,此后还发布了Web版、期刊版、光盘版等多种版本。《中图法》将全部图书分为五大部类,即马克思主义、列宁主义、毛泽东思想、邓小平理论,哲学,社会科学,自然科学和综合性图书。在五大部类下又展开为22个基本大类(一级类目),如表2-2所示。

表2-2 《中图法》基本大类

一级类目	一级类目
A 马克思主义、列宁主义、毛泽东思想、邓小平理论	N 自然科学总论
B 哲学、宗教	O 数理科学和化学
C 社会科学总论	P 天文学、地球科学
D 政治、法律	Q 生物科学
E 军事	R 医药、卫生
F 经济	S 农业科学
G 文化、科学、教育、体育	T 工业技术
H 语言、文字	U 交通运输
I 文学	V 航空、航天
J 艺术	X 环境科学、安全科学
K 历史、地理	Z 综合性图书

《中图法》的标记符号采用汉语拼音字母、阿拉伯数字和圆点相结合的混合制号码作为分类号,一般用大写字母表示基本大类(一级类目),在字母后用数字表示基本大类下类目的划分,但工业技术或某些新增大类下也用两位字母表示二级类目。《中图法》的分类号越长,代表的内容越具体,检索出的文献越精准。图2-2所示是根据《中图法》(第五版)编制的D大类下的部分类目表。一级分类类目D代表"政治、法律",二级分类类目D0,D1,…,D8,D9,DF分别代表"政治学、政治理论,国际共产主义运动……外交、国际关系,法律,法律",三级分类类目D81代表"国际关系",四级分类类目D815代表"国际问题",五级分类类目D815.8代表"国籍问题"(图2-2)。

| 中图分类查询 | 分类 | 图书 | 中图分类搜索... | 搜索 |

中图分类 / D 政治、法律 / D8 外交、国际关系 / D81 国际关系 / D815 国际问题

序号	分类号	分类名称
1	D815.1	裁军问题
2	D815.2	禁止和销毁核武器问题
3	D815.3	领土争端和边界问题
4	D815.4	中东及巴勒斯坦问题
5	D815.5	国际安全问题，国际反恐怖、缉毒活动
6	D815.6	难民问题
7	D815.7	人权问题
8	D815.8	国籍问题
9	D815.9	其他国际争端问题

图 2-2　D 大类下的五级分类类目

分类法的优点包括以下三点。

（1）满足专业性检索要求：通过按学科或专业集中文献，分类法可以满足特定领域的检索需求，提高查全率，使用户更容易找到所需的文献。

（2）等级结构和调整范围：分类法采用概念划分和等级结构的方法，使得用户可以根据需要进行范围的收缩或扩展，调整检索的精度和广度。

（3）简单明了的表示方式：分类法使用字母和数字作为类目的标识，简单直观，便于组织图书资料的排架和目录系统的建立。

然而，分类法也存在一些缺点。

（1）专指度不高：由于使用号码语言作为检索标识，分类法的专指度较低，容易导致误检或漏检的问题，特别是在涉及复杂或多主题的文献检索时。

（2）增加新类目困难：分类法是一种固定的先组式标引语言，增加新类目相对困难，不太适应新兴学科和边缘学科的查找需求。

（3）需要不断修订：随着知识的不断发展和学科的变化，分类法需要进行不断的修订和更新，以适应新的学科和主题的需求。

值得一提的是,Web版分类法的推出提供了更多的便利性和逆向检索的功能,使用户可以根据主题词查找对应的分类号,从而更加方便地使用分类法进行文献检索。这进一步提高了分类法的实用性和适应性。

2.3.3 主题语言

主题语言是一种用语词标识处理原始信息、组织主题检索工具或检索系统的方法。它包括标题词语言、单元词语言、叙词语言、关键词语言4种。

(1)标题词语言:标题词语言使用规范化的自然语言作为文献的主题标目和检索依据。它的特点是事先固定词表,通过选取标题中的关键词或短语来进行标引和检索。例如,美国《工程索引》(*The Engineering Index*,简称 EI)曾使用的《工程标题词表》就属于标题词语言。其中有主标题和副标题,它们之间遵循一定的组配关系。

(2)单元词语言:单元词语言以不能再分解的概念单元的规范化名词作为文献主题概念的标识。与标题词语言不同,它不选用词组或短语来表达复杂的概念。例如,对于"信息素养"这一概念,单元词语言可能使用"信息"和"素养"这两个单元词来组配表示。然而,随着科技的发展,单元词语言逐渐被叙词语言所取代。

(3)叙词语言:叙词语言以规范化的自然语言词汇为基础,并采用概念组配的原理来对文献的内容特征进行描述。它是主题语言的高级形式,综合了多种检索语言的优点。叙词语言吸取了单元词语言的后组式特点,并采用了组配分类法的概念组配来代替单元词语言的字面组配,同时根据分类法的基本原理编制范畴索引和词族索引。目前,许多主题词表,如《工程和科学术语叙词表》和《INSPEC 叙词表》,都是使用叙词语言进行标引和检索的。

(4)关键词语言:关键词语言直接从文献的篇名、正文和文摘中抽选出具有实际意义的自然词汇作为关键词。与其他主题语言不同,关键词语言不需要受控词表,选词方便,尤其适用于计算机辅助检索。然而,由于没有受控词表的限制,用关键词语言编制的检索工具的质量可能相对粗糙。

与分类语言相比,主题语言表达概念更准确、灵活,专指度高,便于读者检索,在查找新兴学科、边缘学科相关信息时尤其方便。此外,主题语言还可打破传统学术分类的条条框框,把分散于各个学科里的有关某课题的文献集中于同一主题下,有利于综合性研究。

2.4 检索技术

传统的手工检索是靠"手翻、眼看、大脑判断"完成检索任务,计算机检索则是通过

"选词、制订检索策略、机器匹配"来执行检索。其中,制订检索策略的关键是构造检索表达式,用单一检索词检索,只适合一些简单的检索。对于复杂课题的检索,就需根据课题的要求找出两个或多个检索词,用检索算符将其进行组配,形成完整的检索提问式。俗话说,"工欲善其事,必先利其器",在计算机信息检索中,无论是数据或事实数据库、光盘数据库、联机数据库,还是搜索引擎、主题网关、专利及标准网站,都支持基本的检索技术——逻辑检索。此外,为使检索结果全面准确,多数检索系统还支持截词检索、位置检索、词表助检等辅助检索技术。另外,像国际联机检索、EBSCO 数据库、Web of Science 检索平台等,还可用指令进行检索。因此,我们只要掌握布尔逻辑检索、截词检索、位置检索、指令检索这些基本检索规则,就可以在网络信息资源中遨游。至于各种数据库、搜索引擎、主题网关及某些网站可能会采用不同的标识符号表示,那只是代号而已,关键是抓住代号所表示的含义。

2.4.1 布尔逻辑检索

布尔逻辑检索是用布尔逻辑运算符将检索词、短语或代码进行逻辑组配,指定文献的命中条件和组配次序,用以检索出符合逻辑组配所规定条件的记录。它是计算机检索系统中最常用的一种检索方法。布尔逻辑运算符主要有"与(AND)""或(OR)""非(NOT)"。

(1)逻辑"与":用 AND(或 *)表示。检索词 A、B 若用逻辑"与"相连,即 A AND B(A * B),则表示同时含有这两个检索词才能被命中。使用逻辑"与"算符能增强检索的专指性,使检索范围缩小,提高查准率。

例如,要检索"信息素养"的文献,检索逻辑式可表示为 information AND literacy。

(2)逻辑"或":用 OR(或+,或|)表示。检索词 A、B 若用逻辑"或"相连,即 A OR B(A+B),则表示含有其中一个检索词或同时含有这两个检索词的文献都将被命中。使用逻辑"或"算符可以扩大检索范围,提高查全率。

例如,要检索"档案"或"图书馆"方面的文献,检索逻辑式可表示为 archives OR library。

(3)逻辑"非":用 NOT(AND NOT,BUT NOT)表示。检索词 A、B 若用逻辑"非"相连,即 A NOT B(A-B),则表示被检索文献在含有检索词 A 而不含有检索词 B 时才能被命中。例如,要检索有关"能源"方面的文献,但涉及"核能"方面的文献不要,检索逻辑式可表示为 energy NOT nuclear,或者 energy-nuclear。

使用逻辑"非"算符可以缩小检索范围,但必须慎用,只有当确信要从检索结果中排除一个术语或短语时才用它,否则,会将有用的资料排除在外。

布尔逻辑运算符的运算次序为逻辑"非"、逻辑"与"、逻辑"或"。若有括号,则括号优先,这同算术运算中的四则运算相似。

大多数信息检索工具都支持布尔逻辑运算,但各自采用的表现形式不尽相同:有的用 AND、OR、NOT(有的工具要求大写,有的要求小写,有的则大写、小写均可),有的以符号(＊、＋、－)代替,有的可支持"&""|""!"符号操作。有的直接把布尔逻辑运算符隐含在菜单中。布尔逻辑关系如图 2-3 所示。

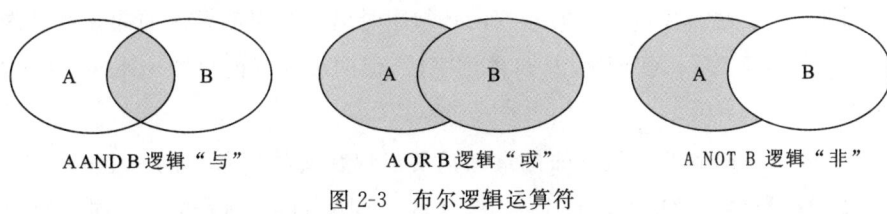

图 2-3　布尔逻辑运算符

2.4.2　邻近检索

邻近检索是一种用于确定词语之间顺序和距离的检索方法,有时也被称为位置限制检索。它使用特定的运算符(称为位置算符)来表达检索词之间的顺序和词间距,并通过这种方式来改善检索的准确性和相关性。

通常,邻近检索使用一些特殊的运算符,如近邻运算符(在两个词之间使用斜杠"/"表示)、距离限制运算符(通过使用数字表示词语之间的最大距离)来表示词语之间的位置关系。这样,检索系统就可以根据用户指定的位置关系进行检索,并返回满足这些条件的文献记录。

相比于传统的布尔逻辑检索,邻近检索更加灵活,可以满足一些特定的检索需求,特别是涉及词语之间的位置关系的情况。传统的字段检索可以通过限定检索词所处的字段来进一步满足检索要求,但无法对词语之间的相对位置进行限制,而邻近检索可以更精确地表达词语之间的位置关系,从而提高检索结果的准确性和相关性。

下面根据 DIALOG 系统的规定,介绍 DIALOG 系统常用的位置算符。

(1)(W)表示在此运算符两侧的检索词必须按此前后的顺序排列,顺序不能颠倒,而且两个检索词之间不许有其他的词或字母,但允许有空格或标点符号,如 on(W)line-ORonline 可检索出 on-line 或者 online;light(W)rail 可检索出 light rail 或者 light-rail。

(2)(nW)表示在此运算符两侧的检索词之间允许插入 n 个(最大数量)实词或虚词(非用词),两个检索词的顺序不许颠倒。例如,electronic(1W)resources,可检索出 electronic resources 及 electronic information resources 等。

(3)(N)表示连接的检索项在记录中出现的顺序可以调换,即查找两个连在一起的单词,它们之间最多可以有 10 个词(这是指 DIALOG 系统中的情况,但不同的工具默认的值不同)。有的系统用 ADI(adjacent)表示。例如,computer(N)network,可检索出

computer network 和 network computer。

(4)(nN)表示两个词位置可以颠倒,两个词间插入词的最多数目是 n 个。例如,information(3N) retrieval,可检索出 information retrieval、retrieval information、retrieval of information、retrieval of law information、retrieval of Chinese law information 等。

(5)(F)表示在此运算符两侧的检索词必须同时出现在文献记录的同一字段内,如出现在篇名字段、文摘字段、叙词字段、自由词字段,但两个词的前后顺序不限,夹在两个词之间的词的个数也不限。

(6)(S)表示在此运算符两侧的检索词只要出现在文献记录的同一个子字段或同一段内,此文献即被命中,两个词词序不限,且两个词中间可间隔若干个词。例如,solar(S)heat。

(7)(L)运算符表示两侧的检索词在同一个叙词单元,且它们之间有一定的从属关系。例如,"太阳能"与"能源"之间的关系可表示为 solar(L)heat。

(8)NOT 运算符与邻接运算符 W、N、S、F、L 等组合使用时,会产生相反的含义。例如:NOT W 表示其后的词不能紧跟其前的词,如 light(NOT W)rail。

NOT N 表示两个词不能相邻;NOT S 表示其后的词不应出现在同一子字段中;NOT F 表示两个词不应出现在同一字段中;NOT L 表示其后的词不应出现在同一主题中。

2.4.3 截词检索

截词检索是预防漏检、提高查全率的一种常用检索技术,大多数系统都提供截词检索的功能。所谓截词检索是指在检索标识中保留相同的部分,用相应的截词符代替可变化部分。检索时,若遇到名词的单复数形式、词的不同拼写法、词的前缀或后缀变化时均可采用此方法。截词符大多用"?"或"*"表示,在一般情况下,"?"代表 0~1 个字符,"*"代表 0 至多个字符。

(1)前截词:即截取某个词的前部,对词的后方进行一致性比较,也称后方一致检索。例如,输入"*ology",可检索出 biology、geology、physiology、sociology、technology 等所有以 ology 结尾的单词及其构成的短语。

(2)后截词:包含有限后截词、无限后截词和中截词三种形式。

①有限后截词:主要用于词的单复数、动词的词尾变化等。例如,book 用 book? 处理,表示截一个词,可检索出含有 book 和 books 的记录;acid?? 表示截两个词,可检索出含有 acid、acids 和 acidic 的记录。由此可知,"?"为截词符,最多截几个词就在词根后加几个"?"。

②无限后截词：主要用于同根词。绝大多数检索工具用"*"表示词尾的无限截词，如 cat* 允许 cat 后面存在 0 至任意个字符，可检索出 cat、cats、catalog、catalogue、category 等词语。再如，输入 econom*，可检索出 economy、economic、economics、economical 等所有以 econom 这 6 个字母开头的单词及其构成的短语。但是，对于同一种检索运算，检索工具之间采用不同符号的情况确实存在，有的检索工具用"?"表示词尾的无限截词，如 DIALOG 系统，因为 DIALOG 系统的"*"表示逻辑"与"。

③中截词：一般来说，中截词仅允许有限截词，主要用于英式英语、美式英语中拼写不同的词和单、复数拼写不同的词。例如，organi?ation 可检索出含有 organisation 和 organization 的记录。由此可知中截词使用的符号为"?"，即用"?"代替那个不同拼写的字符，且只代表一个字符。

2.4.4 字段检索

字段检索是指将检索词限定在某个或某些字段中，用以检索某个或某些字段含有该检索词的记录。限制检索字段通常有以下两种方式。

(1) 通过下拉菜单选择检索字段。此时，字段名一般用全称表示，如题名、摘要等。

(2) 输入检索字段符限定检索字段。此时，字段名一般用字段符表示，各检索系统的字段符各不相同。在美国专利商标局（United States Patent and Tradamark Office, USPTO）检索系统中，字段符 TTL、IN 分别表示专利名称、专利发明人字段。而检索式"TTL/tennis"表示检索出专利名称中含有"tennis"的记录，"IN/Doe James"表示检索出专利发明人为"Doe Janes"的记录。

用户在利用搜索引擎检索信息时，可以把查询范围限定在标题、统一资源定位地址或超链接等部分，这相当于字段检索。例如，检索式"intitle：mp3"表示检出网页标题名称中含有"mp3"的网页。

不同数据库和不同种类信息记录中所包含的字段数目不尽相同，字段名称也有所差别。字段检索是对检索词出现的字段范围进行限定，执行时，机器只对指定的字段进行检索，经常应用于检索结果的调整。常用的检索字段如表 2-3 所示。

2.4.5 词组检索

词组检索，也称短语检索或字符串检索，是一种通过在搜索引擎或信息检索系统中使用引号将词组或短语括起来的方法。这样做可以将整个词组作为一个独立的运算单元，从而实现对该特定词组的严格匹配。

表 2-3　常用的检索字段及其代码表

字段全称	字段代码	中文名称
Abstract	AB	文摘
Descriptor	DE	叙词
Subject	SU	主题
Keyword	KW	关键词
Title	TI	标题
Author	AU	作者
Corporate Source	CS	单位或机构名称
Journal Name	JN	期刊名称
Source	SO	来源出版物信息
Language	LA	语种
Publication Year	PY	出版年代

词组检索的主要特点是要求检索结果中必须完全包含用户输入的词组，且词组中的单词顺序必须一致，这样可以提高检索的准确度。当用户使用词组检索时，搜索引擎会优先返回包含完整词组的文档或网页，而不是其中包含部分词汇的文档或网页。

例如，以"深度学习技术"作为词组进行检索时，只会返回包含完整词组"深度学习技术"的文档或网页，而不会返回仅包含其中一部分词汇（如"深度学习"或"技术"）的文档或网页。这种方式可以更精确地满足用户的信息需求，提供相关性更高的搜索结果。

词组检索在各大搜索引擎（包括 Google、百度等）中得到了广泛应用。用户只需使用引号将词组括起来，搜索引擎就会将其识别为一个整体，进行严格的词组匹配。这为用户提供了一种有效的检索工具，帮助他们快速找到与特定词组相关的内容。

2.4.6　加权检索

加权检索是一种定量检索技术，它在某些检索系统中被广泛使用。其基本方法是为每个检索词分配一个权值，用于表示其重要程度或相关性。

在进行加权检索时，首先检索系统会查找数据库中是否存在这些检索词。如果存在，系统会计算每个检索词的权值，并对这些权值进行累加。然后，系统会比较权值之和与预先设定的阈值。如果权值之和达到或超过阈值,相应的记录就会被视为命中记录。

使用加权检索可以帮助缩小检索范围,提高检索的准确性和查准率。通过为检索词赋予权值,系统可以更精确地衡量每个检索词的重要程度,从而筛选出与用户需求更相关的文档或记录。这种方法能够在大量的文档或记录中优先选择核心概念文献,提高检索的效率和质量。

需要注意的是,并非所有的检索系统都提供加权检索功能。对于支持加权检索的系统,可能存在不同的技术规范和实现方式。这包括权值的定义、加权方式、权值计算方法以及检索结果的判定标准等方面。因此,在使用加权检索时,需要了解所使用系统的具体规范和功能,以确保正确地配置和使用权值,从而获得更精确和有效的检索结果。

2.4.7 模糊检索

模糊检索也称为概念检索,通过同时对检索词的同义词、近义词、上位词、下位词等相关概念进行检索,扩大检索范围,避免漏检的情况。

当使用某个检索词进行检索时,模糊检索系统会考虑该词的各种相关概念,并将这些相关概念的文档或记录也包括在检索结果中。这样可以扩大检索范围,确保与原始检索词相关的更多信息被检索到。

例如,如果输入检索词"丧偶式育儿",模糊检索系统不仅会检索包含该词的内容,还会考虑与其相关的概念,如"单亲家庭育儿""单亲父亲育儿""单亲母亲育儿"等。这样可以避免仅依赖于一个具体词汇而漏掉其他相关概念的情况,提高查全率。

除了模糊检索,还有其他的检索方法可供选择,包括自然语言检索、音形一致的检索和词根检索等。在实际的检索过程中,往往会综合使用多种检索方法,以更好地满足用户的信息需求。通过综合应用不同的检索方法,可以提高检索结果的质量、准确性和全面性。

2.5 信息检索步骤

信息检索步骤是对查找信息全过程的程序划分,完成一个课题的信息检索要经过分析检索课题、制订检索策略、试检索及调整检索策略、正式检索、索取原文等步骤。信息检索步骤见图2-4。

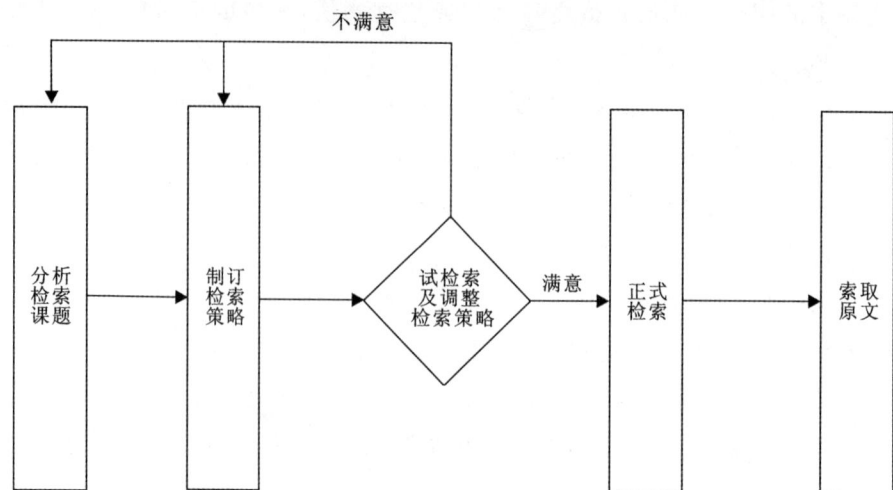

图 2-4　信息检索步骤

2.5.1　分析检索课题

分析检索课题,明确检索目的、要求和检索的范围,这是制订检索策略的基础和前提。任何一个检索都是根据已知去查找未知,通过分析检索课题,明确的已知线索越多,查获所需信息的可能性就越大。

分析检索课题涉及以下几个主要方面。

(1)分析课题类型:不同类型的课题对查全率和查准率有不同的要求。根据课题类型的不同,需要确定适当的检索策略和方法。例如,研究型课题可能需要更全面和深入的文献调查,而解决实际问题的应用型课题可能更关注实用性和可行性。表 2-4 给出了可供参考的三类常见课题的检索要求及特点。

(2)明确检索要求及内容范围:根据课题的需求,明确检索的要求和内容范围,包括关键词、涉及的学科或主题范围、地域范围、语种范围、资源的时间范围、所需的信息类型等。还需要确定查询方式,例如浏览、分类检索或关键词检索,并考虑所需资源的性质是学术信息资源还是大众化资源。

(3)明确检索的文献类型及数量:根据课题的特点和需求,确定所需检索的文献类型,如图书、期刊、博硕论文等。同时,也需要考虑所需文献数量的合理范围,以保证检索的效果和可操作性。

(4)课题涉及的概念:从课题中提取相关的概念,这些概念将成为选择检索词的依据。识别并明确相关概念可以帮助确定合适的关键词和检索词组合,从而提高检索的准确性。此外,如果还有其他已知信息,如人名、机构、文献号码(专利号、标准号、报告号)等,也可以作为查找相关文献的线索。

表 2-4 课题类型特点和检索要求

课题类型	需要解决的问题	检索要求	文献搜集重点	检索思路
攻关型	解决生产技术难题,如某种产品的制造方法及生产工艺	查准、查精确,同时筛选不相关、不准确或不具时效性的文献	专利、期刊、产品说明书和标准等	尝试检索一批相关文献,从中找出核心分类号、主题词、作者及相关期刊等,然后进行正式检索
普查型	了解研究现状,以判断课题的新颖性	查全、查准确,了解这个领域的国内外研究现状,为课题的深入研究打好基础	期刊、会议文献、专利、科技公报、综述,同时结合网络文献等	在设置检索词时,要选择更多的近义或同义词,通过文献分析,不断优化检索策略,提高查全率与查准率
探索型	跟踪最新的研究动态,发现国内外学者的研究前沿与动向	查准、查新,同时要求查询出来的文献能较全面地解释新问题	期刊、会议论文、同时结合网络博客、网络学术论坛等	利用数据库的文献进行推送,也可以定期浏览相关的专业网站了解最新信息

2.5.2 了解课题背景知识

了解课题背景知识是进行课题检索的基础。课题的背景知识包括课题研究的对象、研究所属的学科、主要涉及内容、研究方法和研究人员等。获取课题背景知识的主要途径包括以下五种。

(1)图书馆联机公共书目系统:通过查询相关手册、专著或教科书,可以获取系统和深入的背景知识。

(2)网络搜索引擎:使用搜索引擎可以快速查找相关资源和最新信息,特别适用于追踪新名词和新事物。

(3)网络期刊数据库:利用在线期刊数据库可以查找相关的学术文献资源,了解前沿研究和学术观点。

(4)网络百科资料:百科类网站(如百度百科、维基百科)提供了丰富的背景知识和概念解释,可以作为快速了解课题背景的参考。

(5)知识元检索:知识元检索工具(如中国知网知识元检索、读秀知识检索)可以帮助查找相关的资料和学术资源,提供多维度的信息检索和整合。

在使用这些工具和途径时,需要注意以下事项:不同工具的特点决定了其适用范围和可靠性。借助搜索引擎和查询百科类网站通常可以快速获取相关信息,但信息的质量和权威性可能有所差异;正式出版的百科全书、工具书内容严谨可靠,但更新速度较慢;教科书和专著则提供系统和全面的知识。通过对课题背景知识的了解,可以形成简短的总结表述材料。这有助于提取相关课题的检索词和概念,为后续的检索工作提供指导和参考。

2.5.3 选取检索词

检索词是用户检索时输入的字、词、字符或短语,用于查找含有它(或它们)的记录。学会从复杂的检索课题中提炼出最具代表性和指示性的检索词对提高检索效率至关重要。检索词包括关键词和各种符号,后者如分类号、专利号和出版年等,但人们更多的是从学科(主题)的角度搜索所需资源,因而,关键词是使用较多的检索词。检索词的选取主要包括以下两种方法。

1. 主题分析法

主题分析法是一种重要的检索词选取方法,它能帮助用户从检索课题中分析、识别、提炼和归纳出信息需求的主题,进而选取适当的检索词。在进行主题分析时,可以考虑以下五个方面。

(1)主体面:主体面反映了主题的主要特征和属性。它包括研究对象、材料、方法、过程和条件等与主题相关的基本概念。这些基本概念具有独立的检索意义,可以作为检索词选取的依据。

(2)通用面:通用面反映了主题的一般特征和属性。这些概念因素一般不具备独立的检索意义,主要用于修饰和说明文献内容的次要属性因素,通常不作为检索词使用。

(3)空间面:空间面反映了主题的空间地理位置属性。它包括自然区域和行政划分区域等方面的概念因素,如国家名称、地区名称和自然区域名称等。通常情况下,这些概念因素不作为检索词使用。

(4)时间面:时间面反映了主题的时间属性。它包括与时间相关的概念因素,如日期、时间段和时期等。一般情况下,时间因素不作为检索词使用,而是作为筛选条件进行限制。

(5)文献类型面:文献类型面反映了主题所涉及的文献类型。例如,图书、手册、词典等。这些概念因素一般不作为检索词使用,而是用于区分不同类型的文献资源。

需要注意的是,在主题分析过程中,关注主体面是最为重要的,因为主体面能够反映主题的核心内容和特征。非主体面通常不直接作为检索词使用,而是作为辅助信息来帮助更好地理解和筛选检索结果。通过合理分析主题,选择具有代表性和指示性的检索词,可以提高检索的效果和准确性。

2. 切分法

切分法是汉语文献检索中一种重要的技术,它用于将汉语课题或查询语句切分成具有独立检索意义的词语,以提高检索的准确性,取得更好的检索效果。

切分法的一般方法包括以下步骤。

(1)去除虚词和泛指词语:将课题表述中的虚词(如"的""在""中"等)和泛指的词语(如"某""一些"等)去除,因为这些词语通常对检索没有实质性的贡献。

(2)按照概念单元进行切分:将剩下的词语按照概念的独立性进行切分,切分成不能再拆分的词语。这些词语是具有独立检索意义的关键词。

(3)提取并列概念的公共概念:如果课题或查询语句中包含并列的概念,需要注意提取这些概念之间的公共概念。例如,课题"有关丧偶式育儿(包括单亲家庭育儿、单亲父亲育儿、单亲母亲育儿)的研究资料",如果被切分成"丧偶式育儿""单亲家庭育儿""单亲父亲育儿"和"单亲母亲育儿"四个检索词,"育儿"这个公共概念就没有提取出来,应该切分成"丧偶式""单亲家庭""单亲父亲""单亲母亲""育儿"这五个词语才是正确的。

通过正确的词语切分,可以将汉语课题或待查询的语句切分成具有独立检索意义的关键词,从而提高检索的精确性和查全率。在使用汉语文献信息数据库进行检索时,词语切分是必不可少的步骤,可以明显改善检索结果的质量。

2.5.4 检索词的规范

对于通过主题分析和切分所得到的关键词,需要采取删除、替换、聚类、补充、限定等方法,以进一步得到规范的检索词。

1. 删除法

可以删除不具有检索意义的虚词(包括介词、连词、助词、副词等),过于宽泛或具体的限定词(如"研究现状""发展趋势"等),以及存在蕴含关系的词,而保留更核心、具体的关键词来进行检索。

2. 替换法

如果通过主题分析和切分得到的关键词,其含义偏模糊、宽泛或狭窄,可以引入更明确、具体、可行的概念词来替换，这样可以提高关键词的准确性和检索效果。例如，"非金属材料的研发"，是通过主题分析和切分得到的词，删除"研发"后，得到检索词"非金属材料"，而用户研究的是"陶瓷"，因此用更明确、更具体、更本质、更可行的"陶瓷"替换"非金属材料"。

3. 聚类法

将切分、删除、替换后得到的关键词按语义概念进行同类合并。将可以相互替换、相互补充的同义词、近义词、相关词归为一组，以便更全面地涵盖相关信息。

4. 补充法

对于切分得到的关键词中的缩略词，应找出其来源词组，并将两者一并作为检索词。同时，应补充同义词和相关词，包括上位词、下位词和同位词等，以增加检索的全面性和准确性。例如，关于"新能源汽车"，可以选取的检索词有"新能源汽车""新能源""汽车"。

5. 限定法

针对一词多义导致误检的问题，可以增加限定词作为检索词，以明确搜索范围。限定词可以是与关键词相关的具体词语，以帮助缩小检索结果的范围。例如，对于课题"工程制图CAI系列课件的研制"，除应选取"工程制图""计算机辅助教学""教学课件"等作为检索词外，还应考虑增加"机械制图""画法几何"等作为检索词。

2.5.5 检索词选取原则

可以通过遵循以下原则，选择适当的检索词来进行文献检索，以提高检索的准确性和全面性。

(1)适当具有专指性：检索词应准确、明确地涵盖主要主题概念，以确保检索结果的相关性。优先选择规范化的主题词，但也可以选择关键词进行组合检索，以提高检索的准确性和全面性。

(2)考虑同义词和相关词：尽可能考虑与检索词相关的同义词和相关词，包括近义词、复数形式、动词和动名词形式，以及上位概念词和下位概念词等。这样可以提高检索的查全率，确保相关文献不被漏掉。

(3)避免使用低频词或高频词：避免使用不能明确表达课题实质的低频词或高频词。不宜过多使用动词、形容词或一些常见的禁用词，如"分析""研究""应用""建立""方法""发展""趋势""现状""设计"等。如果必须使用，应与能表达主要检索特征的词一起组合使用，或增加一些限制条件。

(4) 使用国外惯用的技术术语:在查阅外文文献时,可以选择使用国外惯用的技术术语作为检索词。如果在词表中无法找到某些技术概念的英文词,请先阅读相关的国外文献,确保选用正确的检索词。也可以利用中文数据库中的英文题名或其他英文信息来校正检索词。

(5) 使用代码:对于特定的数据库,可以尝试使用相应的代码进行检索,以提高查全率。许多数据库都有自己的特定代码,如国际专利分类号代码(IC)、产品代码(PC)和事项代码(EC)等。

2.5.6 检索词扩展

分析检索课题、获得检索词的一个非常重要的环节是概念扩展。在手工检索过程中,检索者根据对课题的分析,需要不断地调整检索概念。计算机信息检索系统本身也不具备智能思考能力,因此,必须在概念分析的基础上列出与概念有关的词,从中做出选择,以达到较好的检索效果。常用概念扩展的方法有基于同一概念、基于内容分析和基于检索结果三种方法。

1. 基于同一概念的概念扩展法

有时候同一事物在不同的领域或范畴有着不同的名称。这些名称都可以作为检索词。对于同一事物,概念扩展的具体方法有如下四种。

(1) 寻找同一事物的学名、俗名和同义词等。例如,企业与公司、自由港与自由口岸、汉语与中文、网上聊天与QQ、黑龙江垦区与北大荒、儿歌与童谣等。

(2) 寻找同一事物的简称、全称、音译名和意译名等。例如,上海与沪、Internet 与因特网、日本语与日语、中央电视台与CCTV等。

(3) 寻找同一事物名称的反义词或近义词。例如,安全与危险、惩罚与奖励、廉洁与腐败、纠纷和争议、矛盾和冲突等。

(4) 如果是英语,寻找同一事物名词的单复数、不同词性及英式英语与美式英语的不同形式等。例如,art 与 arts,draw 与 drawing,cheque 与 check,colour 与 color,stock 与 share 等。

2. 基于内容分析的概念扩展法

(1) 上位概念扩展法。上位概念扩展法是分析检索对象的学科归属。例如,专利与知识产权、继承法与民法、唐诗与古诗、词法与语法等。

(2) 下位概念扩展法。下位概念扩展法又称概念分析的树形展开法,是检索对象的具体化。例如,运用下位概念扩展法对课题"西部环境保护法规"进行扩展,可以得到以下几项：西部——贵州、四川、云南、西藏、新疆、青海；环境——空气、水、土壤；法规——规定、条例。

(3)隐含概念扩展法。隐含概念扩展法是一种通过深入分析文献或课题，发掘与显见概念密切相关但未明确表达的概念的方法。隐含概念通常与显见概念有紧密的联系，具有以下几种情况。

①隐含概念是显见概念的更确切表述：某些课题的实质内容往往无法从课题名称中直接反映出来，因此需要从专业角度进行深入分析，以提取准确反映课题内容的检索概念。例如，在课题"普通家庭收入预测的研究"中，词语"研究"可能隐含着具体的研究方法，如泊松模型方法或指数模型方法。

②隐含概念与显见概念是不同需求者对同一情报内容所持有的不同观点或不同的用途。例如，在"外资管理"中，词语"管理"可能隐含着具体的管理方法，这取决于不同需求者对于管理的观点或用途的不同。

③隐含概念是显见概念的上位概念或下位概念。例如，在课题"上海图书馆的书目数据库系统"中，显见概念是"上海图书馆"和"书目数据库"，而隐含概念是"公共图书馆"和"图书馆自动化系统"。对于大多数课题，同时使用显见概念和隐含概念可以提高检索的查全率。

3. 基于检索结果的概念扩展法

对初步检索结果进行分析，往往能够得到与课题相关的新的检索概念，这些概念经过重新组合，就可以达到扩展检索结果的目的。在实际检索中，可以根据需要，选用由上述方法得到的检索概念，从而扩展检索结果。

1）正确构造检索式

检索式也称检索提问表达式，是检索策略的具体体现，是要求检索系统执行的检索语句。最简单的检索式由一个检索词（字段标识有时被省略）构成，复杂的检索式由多个检索词和字段名通过关系算符（包括逻辑运算符与位置算符）连接而成。

构造检索式时，要充分利用搜索工具支持的检索运算，允许使用的检索标识和各种限定，这是进行有效检索的基础。

需要特别说明的是，许多用户在检索信息时，对检索问题中的每一个概念往往只用一个检索词表示，这样很容易造成漏检。避免产生此类错误的最有效的做法是：对于检索词题中的每一个概念，尽可能全面地列举表达该概念的同义词、近义词、相关词甚至上位词、下位词，并用布尔逻辑运算符 OR 将其连接起来，形成一个子检索式，再用适当的布尔逻辑运算符把所有子检索式连接起来，构成一个总检索式，即"积木型"(build-block)检索式（图2-5）。

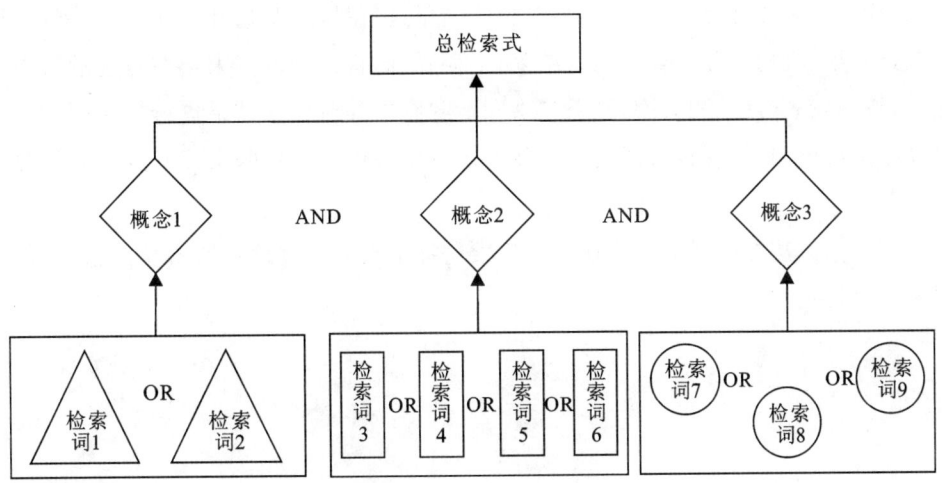

图 2-5 积木型检索式构造

对于检索式的编写,各个数据库之间存在着一些细节上的差异,但总体的思路是类似的。例如,在中国知网专业检索中,我们可以构建如下检索式:

T1=(图书馆+档案馆+博物馆)×(信息服务+知识服务)

上述检索式表明,在中国知网里查询篇名中含有"图书馆""档案馆"或"博物馆",并且篇名同时包含"信息服务"或"知识服务"的文章。这样说来,如果有论文篇名里同时含有"图书馆"和"信息服务"的文章就能被检索出来,当然含有"档案馆知识服务""博物馆信息服务"的文章也同样能被命中。但是,如果有文章的篇名里仅有"图书馆"或"知识服务",那样就不会被检索出来。

2) 及时调整检索策略

构造完检索表达式,就可以实施检索。但通常来说,很难一次性就达到用户检索的要求,往往需要根据当前的检索结果及时调整检索的策略。

(1) 扩大检索范围:当检索结果为零或太少时,可以采取以下方法扩大检索范围——使用同义词、相关词和缩写全称进行检索,利用数据库提供的词表输入规范词,使用运算符"OR"来扩展关键词的检索,使用截词检索来获取相关词形和拼写差异,改变检索字段,如全文、文摘等减少或取消限制条件,如文献类型、出版年、语种等;提高检索词的泛指度,结合使用关键词和叙词,减少逻辑运算符"AND""NOT"的使用,使用自动扩检功能进行相关检索,使用信息资源整合平台检索多个数据库。

(2) 缩小检索范围:当检索结果太多或不相关时,可以采取以下方法缩小检索范围——细化主题,选择专指性更高的词;使用逻辑运算符"AND"链接更多关键词,使用"NOT"排除不需要的关键词,使用位置算符"WITH""NEAR"来限制关键词的距离;指定字段检索,限制年限、地理范围、语言、文献类型等;使用确切的词组,同时写缩写与全称等。

(3)检索结果的优化与全文获取:对检索结果进行排序、筛选和优化;分组浏览,按主题、作者、年度、机构等分组查看检索结果;学科筛选,将搜索范围限定在特定学科内。结果排序,按照发表时间、相关度、被引频次和下载频次等对检索结果进行排序;获取全文,根据文献资源的访问权限,可以免费下载或通过图书馆已付费购买或开放获取资源来获取全文。

这些调整方法能够帮助用户在信息检索过程中更加高效地获取所需信息,优化检索结果并满足特定的检索需求。

2.6 检索效果评价

2.6.1 检索效果的评价指标

一个理想的文献检索系统应当能够以方便的形式提供检索者所需要的全部文献。对检索效果进行评价的目的就是找出影响检索系统性能的各种因素,以便有效地满足检索者的需求。

为此,可采用两种方式来改善系统的性能:一是只提供检索者所需要的文献,二是去除检索者所不需要的文献。评价检索效果的指标主要有查全率(recall ratio,简写为 R)、查准率(precision ratio,简写为 P)、漏检率(omission factor)、误检率(也叫检索噪声,noise factor)以及新颖率、检索速度等。这里需要解决查全率和查准率的问题,并以此作为评价的标准。查全率与查准率是衡量检索效率的标准,尽管它们是针对计算机检索系统的,但对手工检索同样具有一定的指导意义。

1. 查全率

查全率指的是系统在进行某一检索时,检出的相关文献数量与系统文献库中相关文献总量的比率。它反映了系统文献库中实际相关文献被检索出的程度。较高的查全率意味着更多相关的记录被检索出来。然而,在大规模数据库中,实现 100% 的查全率是不可能的,尤其是在网络条件下。

查全率的计算公式为:$R = (检出的相关文献量/检索系统中相关文献总量) \times 100\%$。

2. 查准率

查准率指的是系统在进行某一检索时,检出的相关文献数量与检出文献总量的比率。它反映了从系统文献库实际检出的全部文献中有多少是与检索主题相关的。较高的查准率意味着检出的记录更相关。一般情况下,很少能够达到100%的查准率。

查准率的计算公式为:$P=$(检出的相关文献量/检出的文献总量)$\times 100\%$。

查全率和查准率通常很难同时达到较高水平。为了获得尽可能多的检索结果(即较高的查全率和较低的漏检率),需要减少对检索条件的限制。这样做可以确保更多相关的记录被检索出来,提高查全率。然而,这也会导致检出许多不相关的结果,从而降低查准率并增加误检率。反之,在追求较高的查准率和较低的误检率时,需要增加对检索条件的限制,以排除更多的不相关结果。这将降低误检率,但也可能导致漏检,降低查全率。查全率和查准率之间呈互逆关系,可以根据具体需求和检索目标,通过调整检索条件和权衡两者之间的取舍,来选择更适合的策略。

2.6.2 影响检索效果的因素

查全率和查准率与文献的存储及信息检索两个方面是直接相关的。也就是说,查全率和查准率与系统的收录范围、标引工作和检索工作等均有着非常密切的关系。

1. 影响查全率的因素

(1)数据库收录文献不全:如果文献数据库未能完整收录相关文献,就会导致查全率降低。

(2)索引词缺乏准确性和专指性:索引词需要准确描述文献主题,避免模糊性和歧义,以提高查全率。

(3)词表结构不完整、词间关系模糊或不正确:词表的组织结构和词间关系的定义要准确,以确保检索时相关的文献能够被准确检出。

(4)标引不详、标引前后不一致:标引人员在进行文献标引时,需要详尽准确地标引相关概念和内容,避免标引不全或标引错误,以提高查全率。

(5)检索策略和方法不当:检索策略的设计和检索方法的选择需合理,以确保检索结果中包含更多的相关文献。

2. 影响查准率的因素

(1)索引词不能准确描述文献主题和检索要求:索引词的准确性和专指性对于提高查准率非常重要,需要确保索引词能够恰当地反映文献的主题和内容。

(2)组配规则不严密、选词及词间关系不完整:组配规则的设计和词间关系的定义要准确,以确保检索时排除不相关文献,提高查准率。

(3)标引过于详尽、组配错误:标引人员在进行文献标引时,要避免标引过于详尽或出现组配错误,以减少误检率,提高查准率。

(4)检索式中所用检索词(或检索式)专指度不够、检索面宽于检索要求:检索词的选择和检索式的构建需要具有足够的专指性,以排除不相关文献,提高查准率。

(5)检索系统功能限制:检索系统的功能限制(如缺乏逻辑"非"功能和反馈功能)可能影响查准率的提高。

除了文献存储和信息检索方面的因素外,其他因素如检索者的知识水平、业务能力、检索技术的熟练程度和外语水平等也会对检索效果产生影响。

实际上,查全率和查准率之间存在互逆关系。为了提高查全率,可能需要放宽限制条件,但这也会导致不相关文献的检出,降低查准率。因此,在具体的检索任务中,需要根据需求合理调节查全率和查准率,以达到较好的检索效果。

2.6.3 提高检索效果的措施

1. 提高检索人员的素质

(1)提升检索人员的知识水平和业务能力,包括对该领域知识的深入了解和持续学习。

(2)培养检索人员的责任心和专注度,确保他们认真对待检索任务并精确执行。

2. 选择合适的检索工具和数据库

(1)选择质量较高、覆盖范围广的检索工具和数据库,以确保能够检索到更多相关文献。

(2)根据具体的检索课题需求,选择适合的检索工具和数据库,避免盲目使用或依赖单一的检索资源。

3. 准确使用检索语言

(1)学会准确表达信息需求,使用恰当的检索语言来描述检索要求。

(2)灵活运用泛指性较强和专指性较强的检索语言,根据需要平衡查全率和查准率。

4. 优化检索策略与步骤

(1)制订合理的检索策略,包括选择合适的检索方法、途径和步骤。

(2)充分了解用户的信息需求,根据检索目的和要求平衡查全率与查准率。

(3)根据检索结果,采取缩检或扩检等方法来调整检索效果,减少不相关结果或增加相关结果的数量。

综上所述,提高检索效果需要综合提高检索人员的素质、选择合适的检索工具与数据库、准确使用检索语言,以及优化检索策略与步骤。这些措施可以帮助提高查全率和查准率,并获得更好的检索效果。

第 3 章 图书馆与信息资源

3.1 信息检索与图书馆服务的关系

信息检索和图书馆服务密切相关，可以说它们是互为支持的关系。信息检索是指通过各种信息检索工具和技术，从大量信息资源中检索和获取所需的信息。图书馆服务则是指图书馆为用户提供的一系列服务，包括获取、组织、存储和提供各种信息资源的服务。以下是信息检索与图书馆服务之间的关系。

提供信息资源：图书馆作为信息资源的承载者和管理者，为用户提供了丰富的书籍、期刊、报纸、数据库等各种信息资源。在图书馆提供的资源中进行检索，可以获取所需的信息。

提供检索工具：图书馆通常会提供各种信息检索工具，如图书馆目录、在线图书馆系统、数据库搜索界面等，这些工具帮助用户进行信息检索操作，提供了检索的接口和平台。

提供信息组织和管理服务：图书馆通过对信息资源的采编、分类、编目和索引等工作，对信息资源进行组织和管理，从而为用户提供结构化、有序的信息检索环境，以便于进行准确和高效的检索。

提供用户支持和培训：图书馆通常会提供用户支持和培训服务，包括引导用户使用信息检索工具、提供检索技能培训、解答用户的检索问题等，帮助用户更好地进行信息检索。这些服务对于提高用户的信息检索效果和满意度起到了积极的促进作用。

提供文献传递和获取服务：图书馆在信息检索过程中，还可以为用户提供文献传递和获取服务，包括文献借阅、文献互借、文献传递、文献订购等，从而帮助用户获得所需的文献资源。

因此，信息检索与图书馆服务密切关联，图书馆作为信息资源的提供者和信息服务的提供者，为用户的信息检索提供了重要的支持和服务。用户可以利用图书馆提供的信息资源和服务，进行高效、准确的信息检索，从而满足其信息需求。

3.2 图书馆的信息资源

图书馆的馆藏资源是指图书馆所能够提供的文献资源的总和。现代图书馆的馆藏多为复合型资源,即纸本资源和数字资源并存、本地文献资源和远程文献资源集成,有通过购买获得的拥有使用权的数据库,也有具有所有权的自建数据库。现代图书馆的馆藏资源通常有印刷型、音像型、网络数据库三大类,如表3-1所示。

表 3-1 现代图书馆的馆藏资源

印刷型(按出版类型分类)	音像型	网络数据库	
		按数据库类型划分	按数据库的所有权划分
图书、期刊、报纸、会议论文、学位论文、专利、标准文献、古籍资源、非公开出版物	录音带、录像带、多媒体光盘、缩微胶卷等	馆藏目录、资源门户系统、文摘数据库、电子图书、电子期刊、电子报纸、学位论文全文库、事实数据库、电子政府出版物	1.购买的数据库,多属租用,仅有使用权; 2.具有所有权的自建数据库,如本校的学位论文库、机构知识库、地方文献数据库等; 3.实体入馆的电子文献,如附赠光盘; 4.网络免费学术资源

图书馆作为信息资源的重要载体和提供者,涵盖了丰富多样的信息资源种类和特点。常见的图书馆信息资源主要包括以下几种。

图书:图书馆收藏了大量的图书,包括印刷图书和电子图书。印刷图书通常以纸质书籍的形式存在,包括了各种学科和领域的书籍,如科学、技术、人文社科、艺术等,涵盖了丰富的知识内容。电子图书则是以电子格式存在的书籍,可以通过数字图书馆或在线图书数据库进行访问和检索。

期刊:期刊是学术研究中重要的信息资源,图书馆通常订购了大量的学术期刊,包括学术期刊的印刷版和电子版。

报纸:报纸是反映时事和社会热点的重要信息资源,图书馆通常会收藏大量的报纸,包括国内外的报纸,涵盖了政治、经济、文化、社会等各个领域的信息。

图片、音视频:图书馆还可能收藏了大量的图片和音视频等信息资源。图片包括照片、绘画、地图、图表等,音视频包括音乐、电影、电视节目、录音等,这些资源可以丰富用户获取信息的方式和形式。

电子资源：随着数字化和网络化的发展，图书馆还逐渐引入了大量的电子资源，包括学术数据库、专业数据库、参考工具数据库、电子期刊、电子书籍、数字图书馆、在线资源等，这些资源具有全文检索、在线访问和数字化存储等特点。

这些图书馆信息资源具有以下特点。

多样性：图书馆信息资源包括了各种类型的信息资源，涵盖了丰富的学科和领域，满足了用户不同层次和不同领域的信息需求。

长期性：图书馆信息资源通常具有长期保存和持续更新的特点，可以为用户提供稳定和持久的信息支持。

可信性：图书馆信息资源通常经过专业的筛选和审核，具有较高的可信度，用户可以在图书馆资源中获取高质量的信息。

多渠道获取：图书馆信息资源可以通过多种渠道获取，包括到馆借阅、在线访问等多种方式，用户可以选择合适的渠道获取所需的信息。

组织性和标准化：图书馆信息资源通常经过组织和分类，采用标准化的分类体系和元数据，方便用户进行检索和访问。

非营利性：图书馆信息资源通常是非营利性的，旨在为用户提供公共服务和学术支持，用户可以在图书馆资源中免费获取信息。

合法和合规性：图书馆信息资源通常遵循版权法和合规政策，保护知识产权和作者合法权益，用户可以在合法的范围内使用和引用图书馆资源。

这些特点使得图书馆信息资源成为学术研究、学习教育和社会服务等领域的重要信息支持和知识传播平台。图书馆通过管理、组织和提供丰富多样的信息资源，为用户开展研究和学习提供了重要的支持和便利。

3.3 图书馆信息资源的获取

3.3.1 图书馆信息资源的获取渠道

图书馆信息资源的获取渠道多种多样，主要包括以下几种。

到馆借阅：用户可以直接到图书馆现场，使用馆藏目录或图书馆系统进行检索，查找、借阅和复制所需的图书、期刊、报纸等纸质资源。

在线访问：图书馆通常提供在线数据库、电子期刊、电子书籍等电子资源，用户可以通过图书馆系统或图书馆网站远程访问这些资源。在线访问使得用户可以随时随地通过网络获取图书馆的电子资源,无须实地前往图书馆。

文献传递服务:图书馆通常提供文献传递服务,用户可以通过在线申请或填写文献传递请求表格,从其他图书馆或文献供应商获取所需的文献资源,包括图书、期刊文章、会议论文等。

3.3.2 图书馆文献传递服务的优点

图书馆文献传递服务是根据用户对特定的、已确知的文献发出需求申请,由图书馆通过一定的方式,在适当的时间内将需要的文献或替代品以有效的方式与合理的价格,直接或间接地传递给用户的一种服务。这种服务通常包括馆际互借、文献复制和文献传递等方式,使用户能够获取本馆无法提供或者难以获得的文献资源。图书馆文献传递服务的利用主要体现在以下几个方面。

获取外馆文献资源:图书馆文献传递服务允许用户通过馆际互借或者文献复制的方式获取其他图书馆的文献资源。用户可以通过这种服务获取本馆无法提供的文献,拓宽了其获取信息的渠道。

提高文献检索效率:在检索一些高水平的学术资源时,用户可能会面临查找和获取文献等方面的困难。通过图书馆文献传递服务,用户可以通过图书馆的专业资源和服务,获得更快捷、更高效的文献获取方式,从而提高文献检索的效率。

促进学术交流与合作:图书馆文献传递服务不仅可以满足用户个人的学术研究需求,还可以促进学术交流与合作。通过获取其他图书馆的文献资源,用户可以与其他研究者进行交流与合作,推动学术研究的发展。

节省用户资源投入:通过图书馆文献传递服务,用户可以充分利用图书馆的资源,无须投入大量时间和金钱去获取文献资源。这对于一些研究者和学生来说,尤其是那些资源有限的用户,可以有效节省资源投入,提高研究和学习的效率。

提供专业服务支持:图书馆文献传递服务通常由图书馆的专业馆员提供,他们具有丰富的图书馆资源管理和文献传递经验。用户可以通过图书馆文献传递服务获得专业的服务支持。

总的来说,图书馆文献传递服务的利用可以帮助用户更好地获取文献资源,提高文献检索效率,促进学术交流与合作,节省资源投入,并获得专业的服务支持,从而提高用户的研究和学习效果。用户通过向图书馆提交文献传递请求,利用图书馆的跨馆资源合作机制,获得其他图书馆的文献资源,解决了因本馆资源不足或不可及而导致的难题。同时,图书馆文献传递服务也促进了不同图书馆之间的合作与资源共享,为用户提供了更加便捷和高效的服务体验。因此,充分利用图书馆文献传递服务对于用户来说是非常有益的。

第4章 图书馆常用数据库使用方法

4.1 超星发现系统

4.1.1 数据库简介

超星发现系统以近十亿海量元数据为基础,利用数据仓储、资源整合、知识挖掘、数据分析、文献计量学模型等相关技术,较好地解决了复杂异构数据库群的集成整合,完成高效、精准、统一的学术资源搜索,并通过分面聚类、引文分析、知识关联分析等实现高价值学术文献发现、纵横结合的深度知识挖掘、可视化的全方位知识关联。

超星发现系统具备以下核心功能。

(1)多维分面聚类:超星发现系统利用丰富的元数据资源,通过分面分析法对搜索结果进行多维度的聚类,包括时间维度、文献类型维度、主题维度、学科维度、作者维度、机构维度、权威工具收录维度和全文来源维度等。用户可以根据需要自由组配检索条件,实现文献资源的精炼聚类和精准搜索,将最重要、最核心、最有价值的资源按相关度、被引频次、时间、影响因子等方式呈现给用户。

(2)智能辅助检索:超星发现系统提供强大的智能辅助搜索功能。通过内置的规范知识库和用户的历史检索行为习惯,系统能够自动判断并切换到与用户最相关的领域和关注热点,并同步显示与用户检索主题相关的解释。系统还会优先显示符合用户偏好的检索结果,提高发现精准度和准确率。

(3)立体引文分析:超星发现系统实现了图书、期刊和其他文献之间的相互参考和引证关系分析。通过文献引用频率分析,可以评估某一文献、学科、作者或机构的学术影响力。通过文献间的相互引证关系,可以分析某一学术思想的历史渊源、传承脉络和演变规律。

(4)考镜学术源流:超星发现系统通过考镜学术源流功能,将文献资源的研究单位从单一的文献深化到知识关联中。通过学术源流分析,可以形成知识相关链,揭示主题、学科、作者、机构和地区等之间的关联图谱,反映学术思想的相互影响和源流。

(5)展示知识关联:超星发现系统结合知识挖掘、知识关联分析和可视化技术,以表格、图形等方式直观展示发现的数据和分析结果。通过知识关联分析,可以直观地展示海量数据之间的规律和整体面貌,揭示人与人、人与机构、人与知识以及知识与知识之间的关联,为研究者追踪、拓展和创新领域研究提供思路。

(6)揭示学术趋势:超星发现系统具备对搜索结果进行年代分布规律分析的功能,可以展示任一主题学术研究的时序变化趋势图。通过分析学术研究的起点、成长、起伏和兴衰,帮助研究者全面了解该领域的发展历程。系统还能够预测学术发展的趋势,为研究提供参考。

4.1.2 数据库访问和使用

1. 基本检索

登录超星发现系统(访问地址为 http://www.zhizhen.com),在检索框中输入查询词,点击"检索",将在海量的资源中查找相关的各种类型文献(图4-1)。

图4-1 数据库检索界面(一)

可在检索结果页浏览所查找关键词的数据,并使用超星发现系统多种强大的功能,如多维度分面、高级检索、专业检索、可视化说明、智能期刊导航、趋势展示(图4-2)。

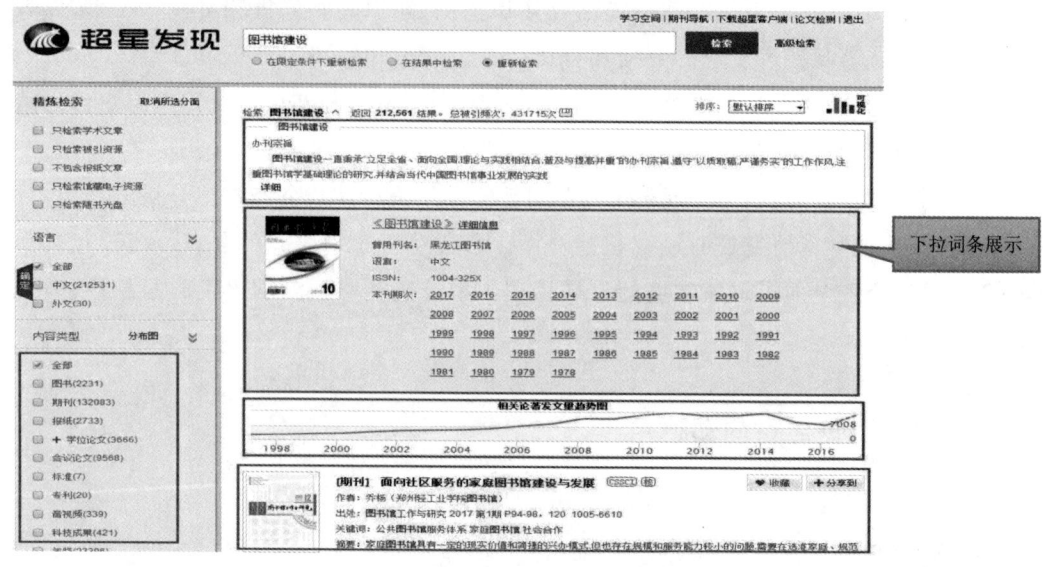

图4-2　数据库检索结果界面

2. 多维分面

通过采用分面分析法,可将搜索结果按文献的时间维度、类型维度、主题维度、学科维度、作者维度、机构维度(可展开二级机构组织)、权威工具收录维度以及全文来源维度等进行任意维度的聚类。

例:关于"图书馆"知识中"公共图书馆"在2018—2023年期间被核心期刊和CSSCI收录的情况。

操作方法:①检索"图书馆"关键词;②选择精炼分面;③选择关键词分面;④选择重要期刊分面;⑤选择年份分面;⑥选择内容类型分面;⑦点击"执行限定删选"(图4-3、图4-4)。

3. 高级检索

点击搜索框后面的"高级检索"链接,进入高级检索页面,可更精确地定位您需要的文献(图4-5)。

例:检索2017—2023年间主题为"文学"、作者单位为"清华大学"的期刊论文。

操作方法:点击"高级检索"界面——选择文献类型——选择主题——填写主题词——选择作者单位——填写单位名称——选择检索方式(模糊)——选择年份——点击检索(图4-6)。

第4章 图书馆常用数据库使用方法

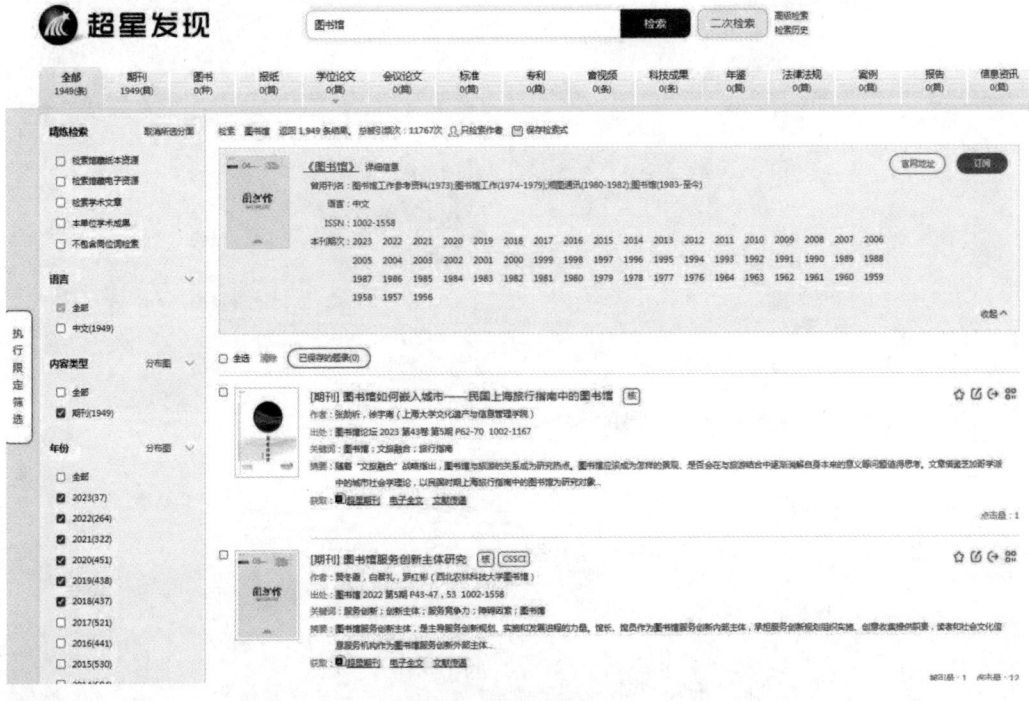

图 4-3 分面界面(一)

图 4-4 分面界面(二)

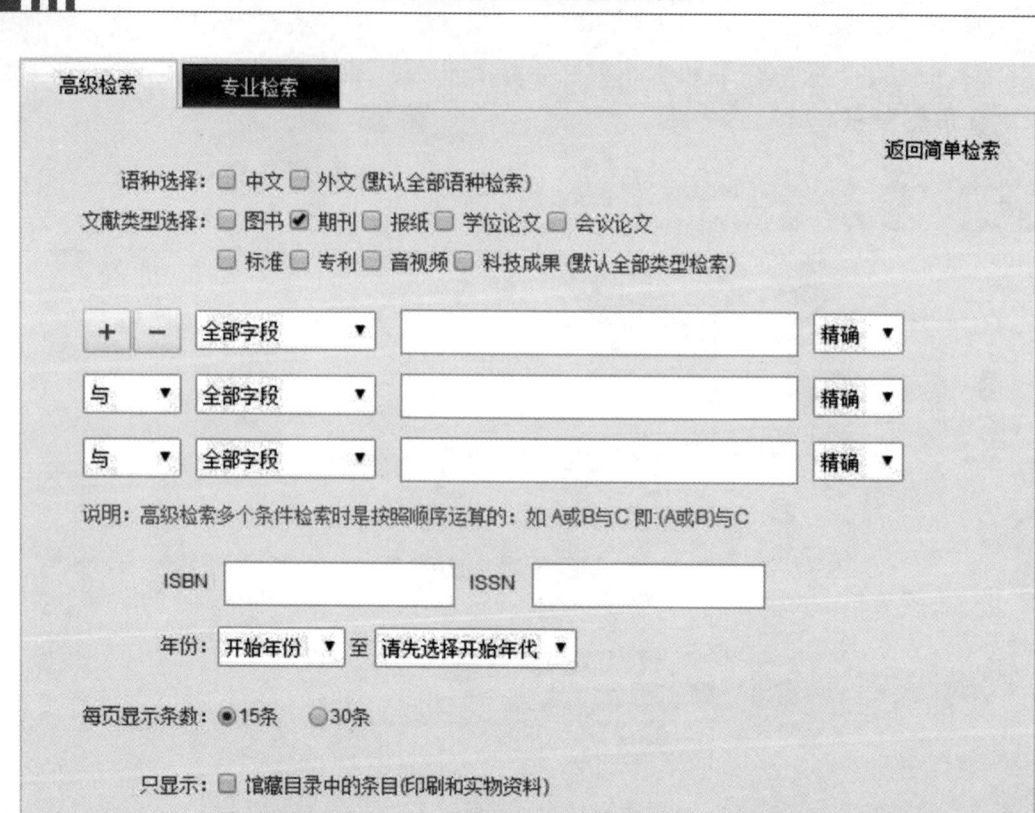

图 4-5　高级检索界面(一)

4. 专业检索

例:检索 2000—2023 年关键词不包含"断层"并且作者为钱学森,或者清华大学杨振宁或是蒋方舟发表的期刊文章。

构造检索式如下:JN((A=杨振宁|蒋方舟 AND O=清华大学) OR A=钱学森 AND 2000＜Y＜2023 NOT K=断层),检索结果如图 4-7 所示。

5. 可视化分析

在检索结果页右上角点击"可视化"分析按钮进入可视化页面(4-8)。
(1)相关知识点图可以根据查询词展示该词语相关的知识点(图 4-9)。
(2)相关作者图(图 4-10)。
(3)相关机构图(图 4-11)。

第4章 图书馆常用数据库使用方法

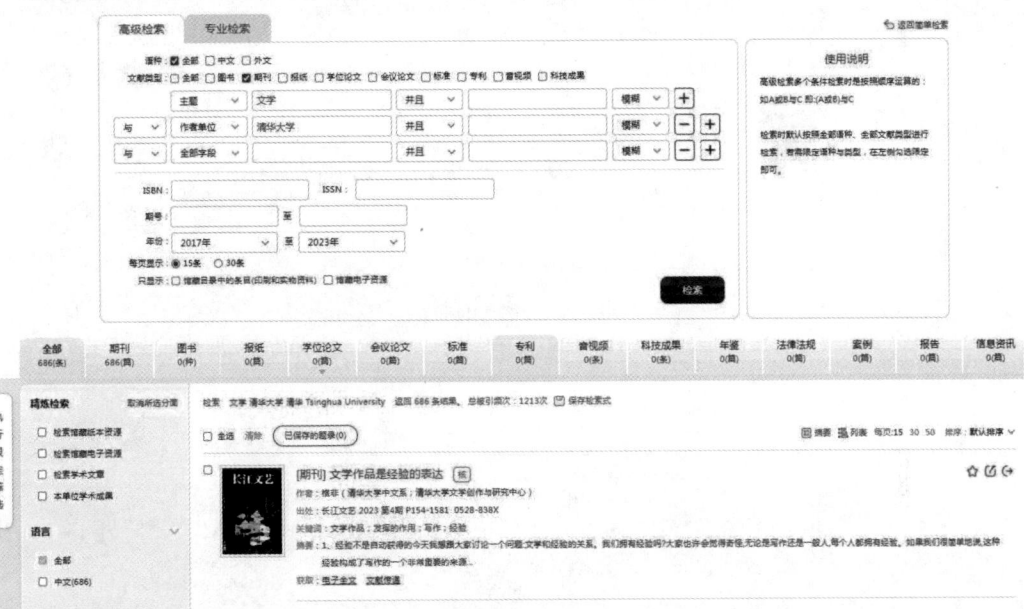

图 4-6　高级检索结果界面（一）

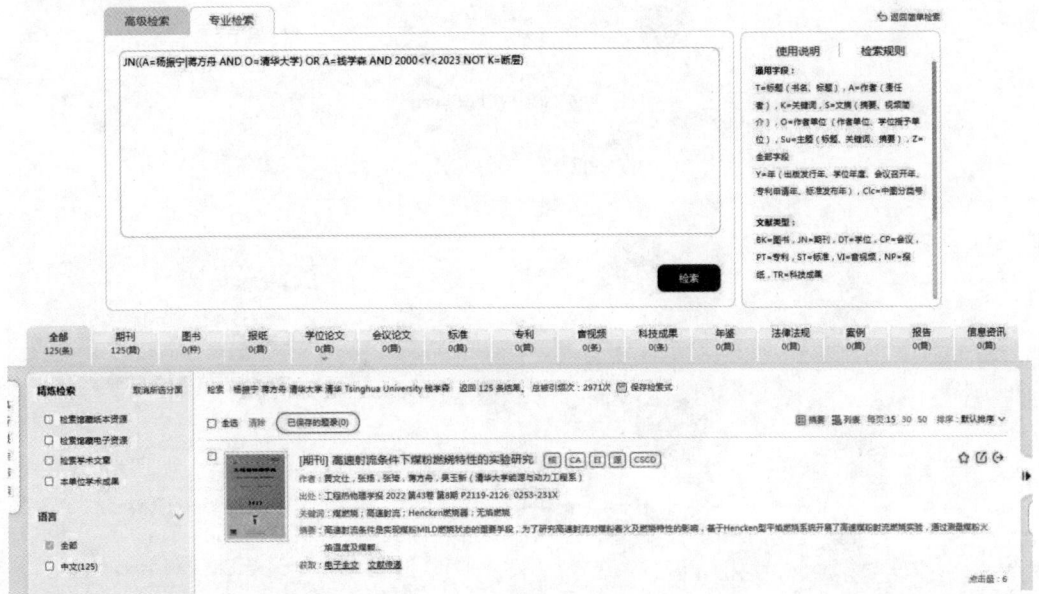

图 4-7　专业检索结果界面

图 4-8 可视化页面

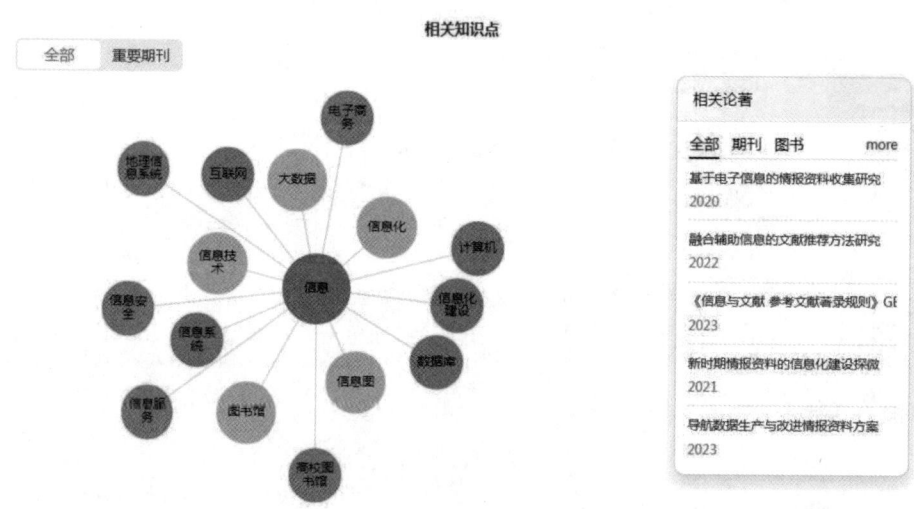

图 4-9 相关知识点图

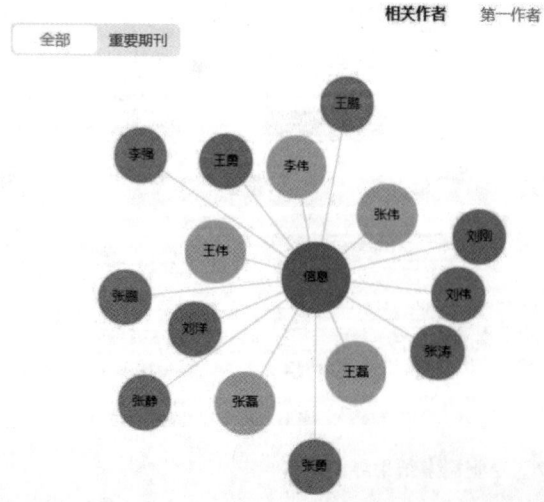

图 4-10 相关作者图

第4章 图书馆常用数据库使用方法

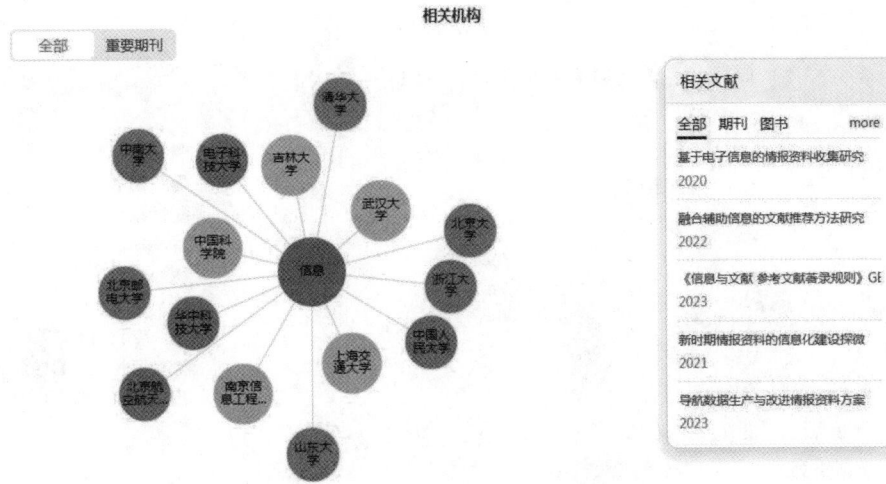

图 4-11 相关机构图

（4）各类型学术发展趋势曲线图（图 4-12）。

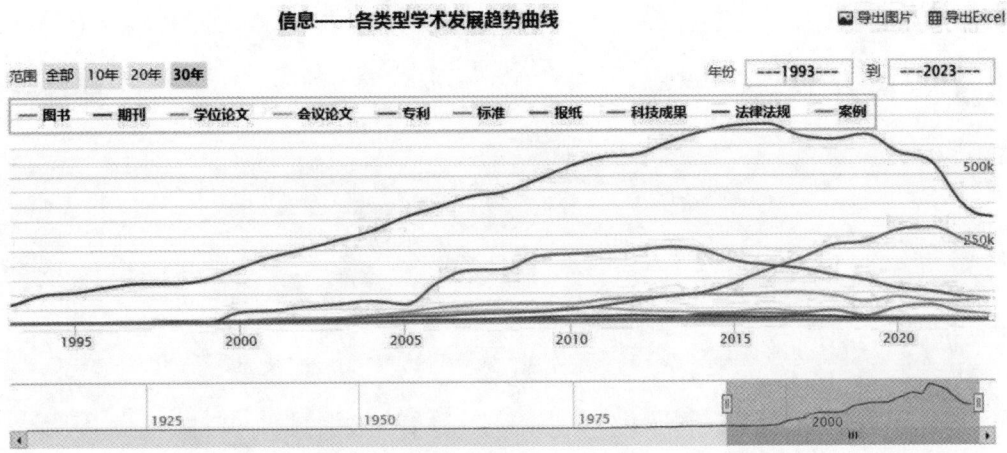

图 4-12 各类型学术发展趋势曲线图

（5）各频道发文量统计图（图 4-13）。

6. 知识图谱

知识图谱用于展示查询词所关联的作者、机构、相关知识点等，更好地展示知识与知识的直接关联（图 4-14）。

7. 多主题对比

在检索结果界面点击右上角"多主题对比"按钮，进入多主题对比页面，可以对单位、作者、关键词等主题在不同年份的发展趋势进行对比（图 4-15）。

· 53 ·

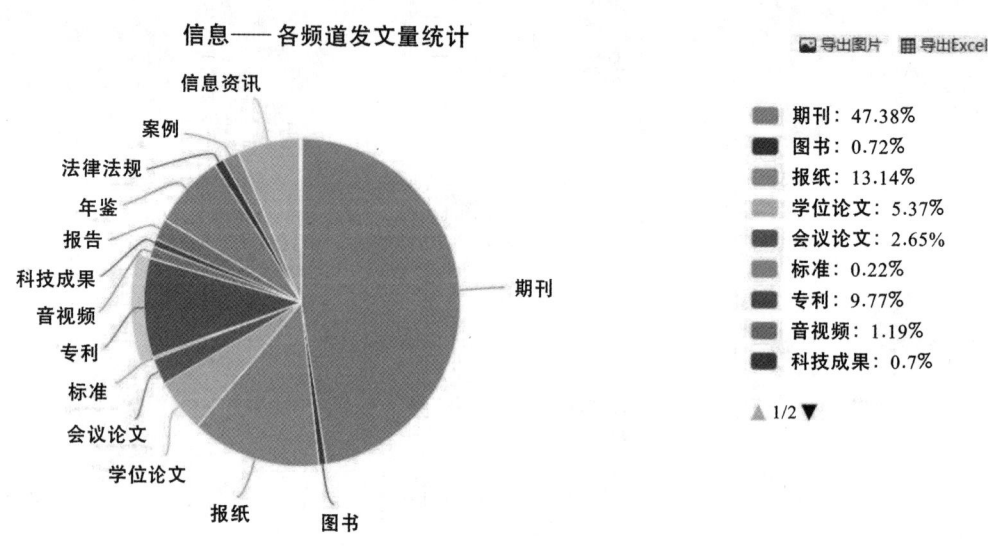

图 4-13 各频道发文量统计图

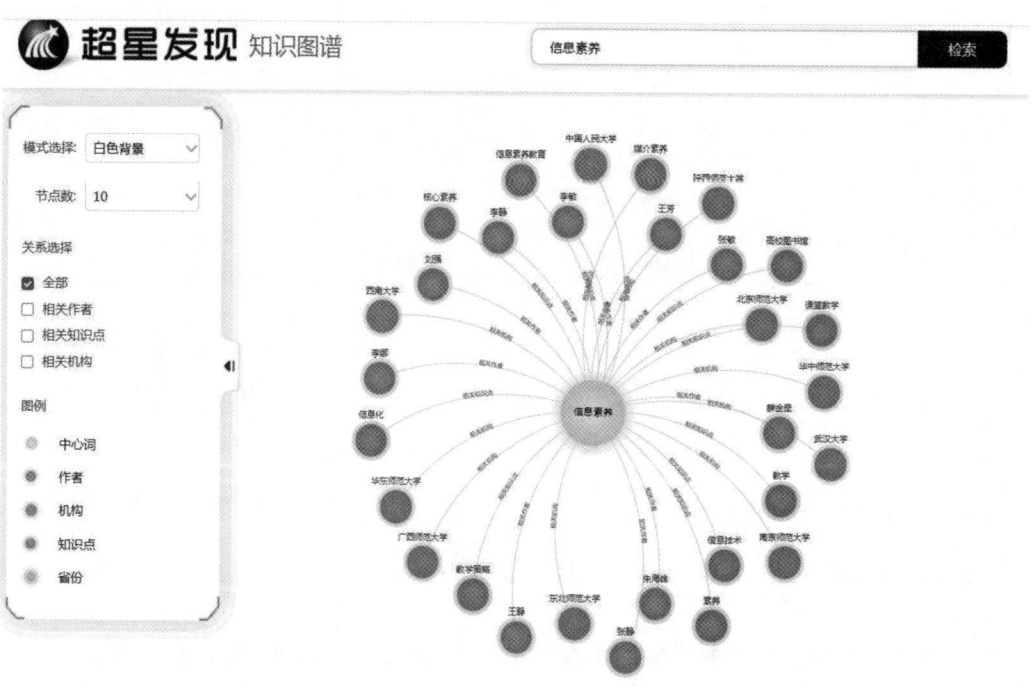

图 4-14 知识图谱

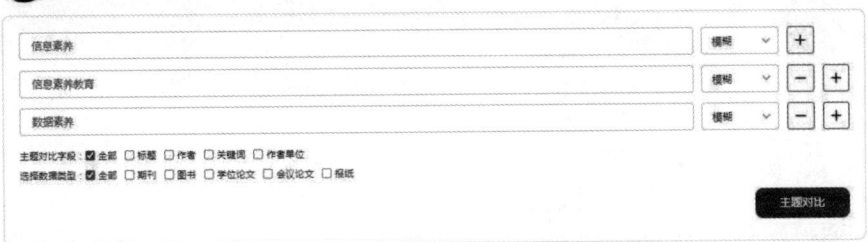

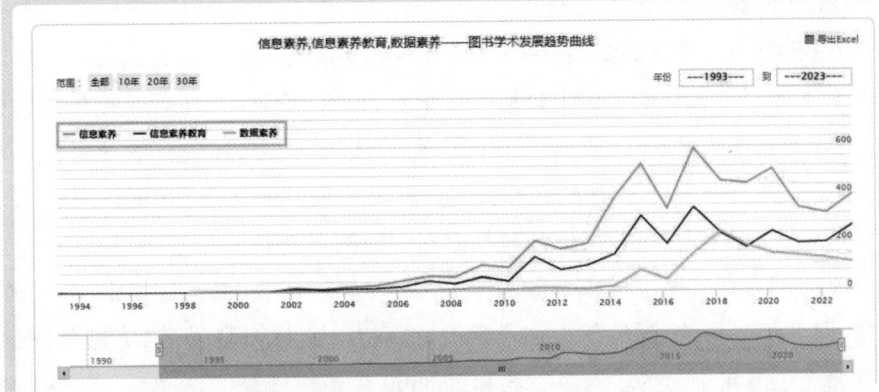

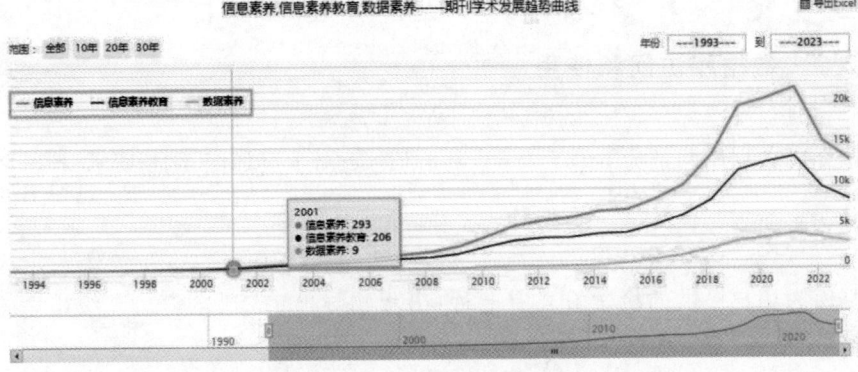

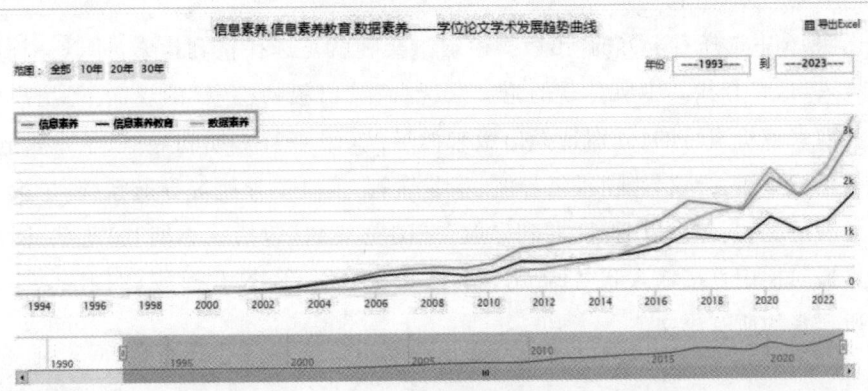

图 4-15　多主题对比

4.2 中国知网数据库

4.2.1 数据库简介

中国知网数据库属于中国知识资源总库［中国知网（China national knowledge infrastructure,CNKI）网络资源共享平台］的重要组成部分，是世界上最大的连续动态更新的中国学术期刊全文数据库。本数据库以学术、技术、政策指导、高等科普及教育类期刊为主，内容覆盖自然科学、工程技术、农业、哲学、医学、人文社会科学等多个领域。截至2023年4月共收录10 895种期刊（共计1 697 032期），60 340 870篇文章。收录的文献时间是从1915年至今（出版的期刊），部分期刊回溯至创刊。

数据库中的内容按照学科被划分为十大专辑：基础科学、工程科技Ⅰ、工程科技Ⅱ、农业科技、医药卫生科技、哲学与人文科学、社会科学Ⅰ、社会科学Ⅱ、信息科技、经济与管理科学。十大专辑下分为168个专题和近3600个子栏目。

4.2.2 数据库访问和使用

中国知网数据库网址为https://www.cnki.net/，主页如图4-16所示。

1. 检索方式

数据库为用户提供的检索方式有七种：出版物导航（整刊检索）、高级检索、专业检索、作者发文检索、句子检索、一框式检索、分类检索。

1）出版物导航（整刊检索）

在图4-16中选择右上方的"出版物检索"，实际就是选择整刊检索，即以一种期刊名称为检索入口，来查找其中所登载的论文情况。在"出版物检索"的界面下，用户可以根据自己的需求或检索目的，分别选择出版来源导航（图4-17）、期刊导航、学术辑刊导航、学位授予单位导航、会议导航、报纸导航、年鉴导航、工具书导航等导航系统，了解各种出版物的详细情况，其中可以通过"期刊导航"来浏览某刊（包括核心期刊）所载，同时也可以在检索提问栏中直接输入刊名（曾用刊名）、主办单位、ISSN代码或CN代码，来查找某本刊物所刊登的所有论文。

第4章 图书馆常用数据库使用方法

图 4-16 中国知网主页

图 4-17 出版来源导航

2) 高级检索

高级检索是当前系统默认的首选检索方式。它支持进行"多项双词逻辑组合检索""双词词频控制检索"等功能。"多项"是指同时可选择多个检索项,"双词"是指同时在一个检索项中可输入两个检索词(在两个输入框中输入),每个检索项中的两个词之间还可进行逻辑运算(AND、OR、NOT),旨在帮助用户精确搜索到所需文献。

例:检索 2013—2023 年发表的研究主题包含"信息素养"及"研究"或"综述"或"述评"的期刊文章,检索界面如图 4-18 所示,检索结果如图 4-19 所示(命中记录 128 条)。

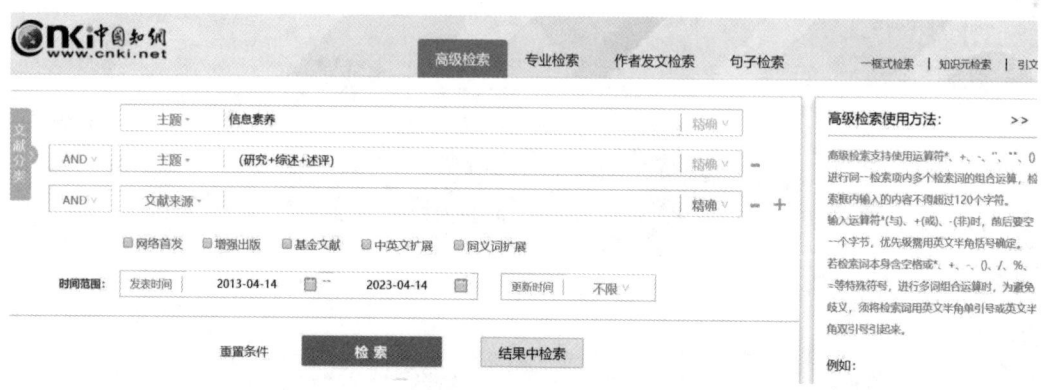

图 4-18 高级检索(一)

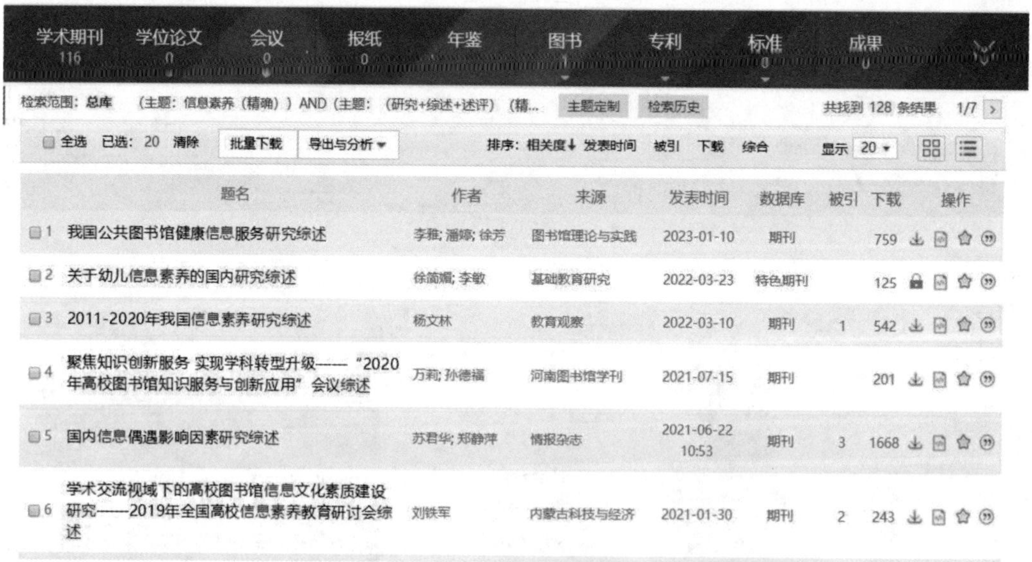

图 4-19 检索结果

3) 专业检索

专业检索要求检索者自行构造检索式来准确地表达其多主题的、多条件的检索要求。

例:在"中国知网文献起止时间设为1980—04—14"中检索黄如花在武汉大学工作期间所发表的题名中包含"信息"和"MOOC"的文章。

检索步骤:①进入"专业检索"界面。②按照数据库提示及要求构造检索式:TI=信息*MOOC AND AU=黄如花 and AF=武汉大学,检索后有1条命中记录(图4-20)。

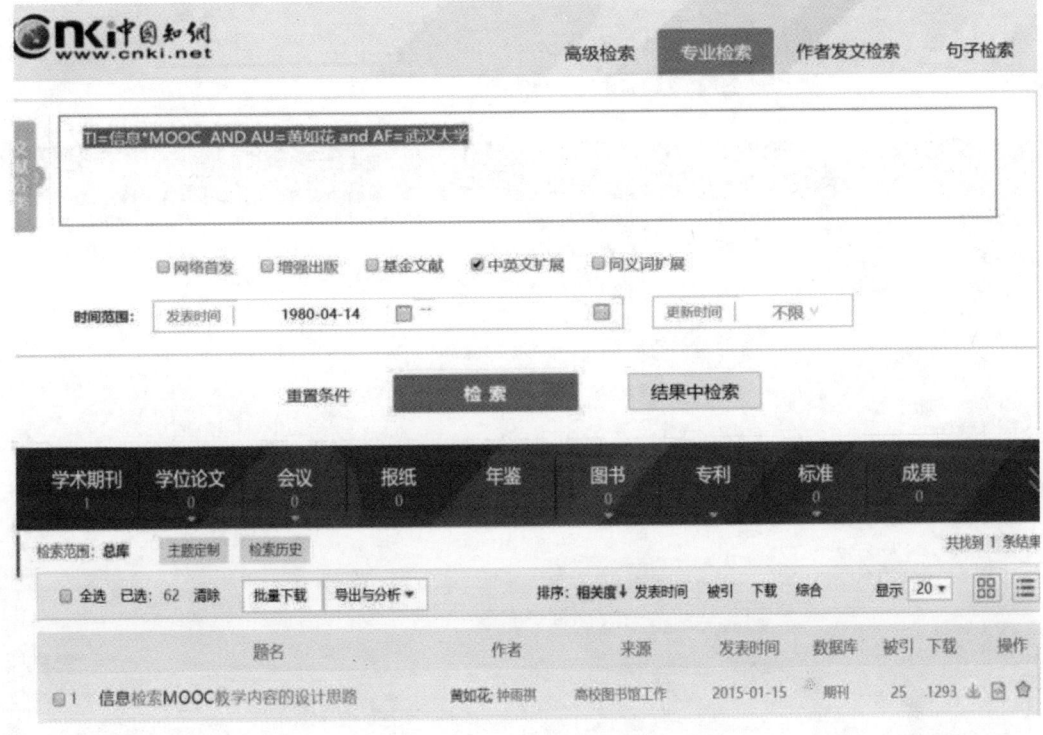

图 4-20 专业检索

4)作者发文检索

选择作者发文检索方式进行检索,是通过已知的作者姓名、单位信息,对其独立或合作(第一作者或非第一作者)发表的所有期刊论文统统检索一遍,旨在对该作者的研究内容、期刊发文量等情况作总体的了解或证实。图4-21是作者发文检索的检索界面和检索结果。

5)句子检索

选择句子检索方式,表示需要在整篇文章中,查找同一句或同一段话里同时存在具有关联意义的两个或多个检索词,以满足检索提问的需求。一般情况下,我们可以把这种检索方式当作高级检索方式的一种补充,即采用高级检索方式后,在对检索结果不太满意(检中文献过少甚至检索结果为零)的情况下,才使用的一种检索方式。

例:检索有关残疾人开展柔力球运动方面的相关文献。在检索词及逻辑组配技术一致的情况下,采用高级检索方式和句子检索方式的结果是有明显差异的。如图4-22所示,采用高级检索方式,命中文献4条。而采用句子检索方式,命中文献83条(图4-23)。

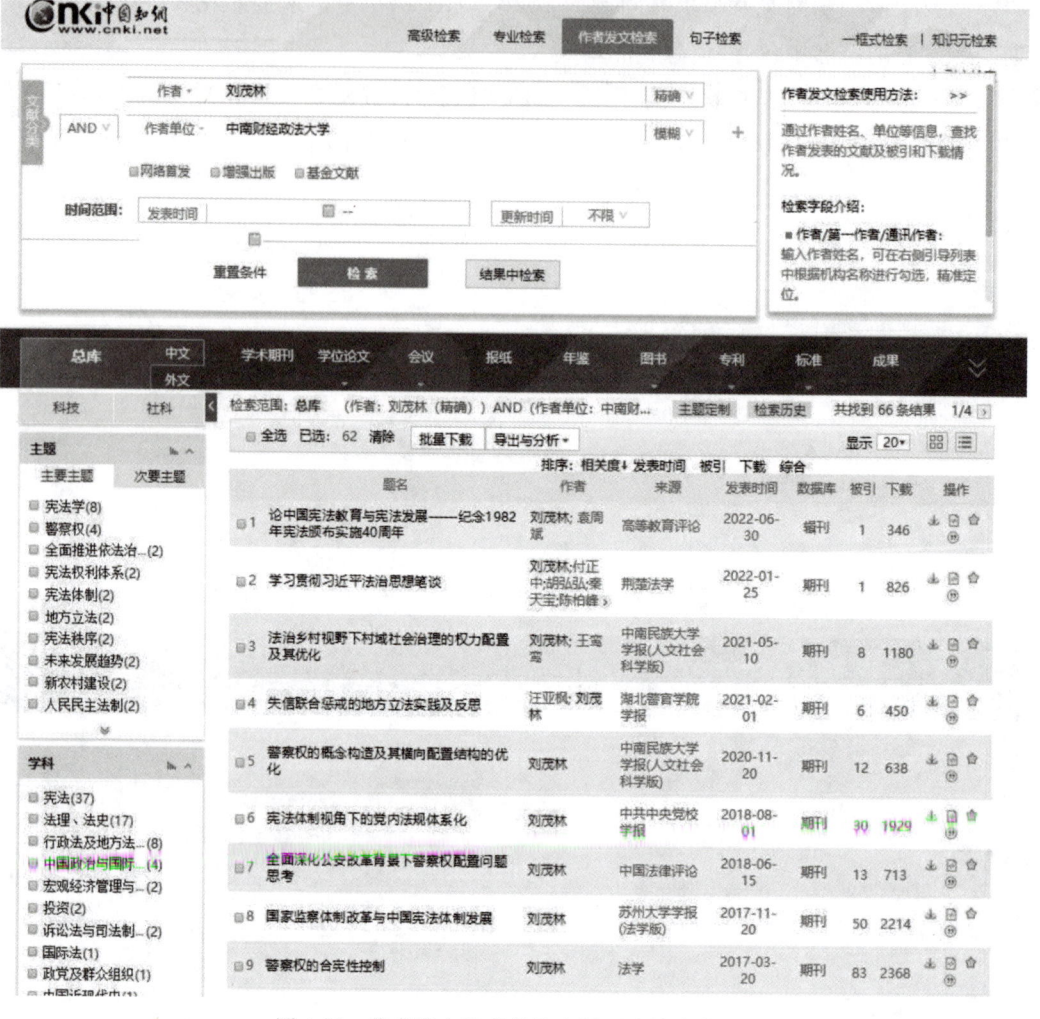

图 4-21 作者发文检索的检索界面和检索结果

6) 一框式检索

一框式检索是类似搜索引擎式的检索方式(图 4-24),一般可以在专题文献普查时使用。必要时,用户也可以将其作为上述各种检索方式的一种补充形式。

7) 分类检索

事实上,中国知网数据库中的分类检索方式主要有两种情形。

(1) 通过系统提供的分类体系,逐级检索某类目下的所有文献,在检索输入栏中不必输入任何检索词。这种情形往往在进行系统文献统计、调研时采用。

例:查找数据库中"经济与管理科学"大类下"财政与税收"—"财政理论"小类的所有文章。只需要从"经济与管理科学"大类中逐级深入,直到系统自动给出检索结果——在"财政理论"类中,一共收录的文献总量为 7.31 万条(2023 年 4 月 17 日数据)及其详细内容(图 4-25)。

第 4 章 图书馆常用数据库使用方法

图 4-22 采用高级检索方式的结果

图 4-23 采用句子检索方式的结果

(2)分类—主题结合型检索方式。选定系统提供的分类体系中的相关类目,作为限制性检索条件,把检索目标锁定在某个或某些学科领域范围,再通过在检索输入栏中输入相关的检索词(用户已经掌握的相关信息,如主题词、作者、机构等)进行检索。这种方式往往在进行相关学科背景下的文献调研时采用,旨在提高检索效率,避免不相干内容

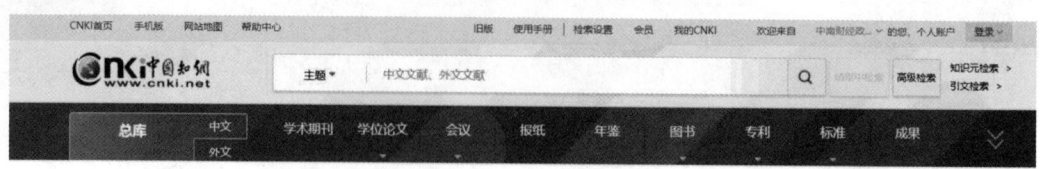

图 4-24　一框式检索界面

图 4-25　分类检索的检索结果

的检出,减少检索结果的不准确性。

例:查找财政理论领域关于"内部控制"方面的期刊论文。检索步骤如下。

首先,将查询的学科范围限定在"内部控制"。

其次,选择从"主题"途径进行检索(实际数据库是同时在"篇名""主题""摘要"三个字段中检索,检索结果如图 4-26 所示)。

2. 参考文献引用

对需要进一步查看全文的多篇(或全部)文章,可在图 4-27 中的文章篇名序号前的小方框中标记,选择"批量下载"或"导出文献",分别将检索结果下载到本地,或导出符合国家标准的"参考文献"格式(图 4-28),便于作为读者今后撰写相关论著的参考文献。

3. 可视化说明

在图 4-27 中点击"可视化分析",我们可以了解到检出文献的学科分布、主要主题分布及来源分布(图 4-29—图 4-31)。

第 4 章　图书馆常用数据库使用方法

图 4-26　分类—主题结合型检索

图 4-27　文献下载或分析

图 4-28 参考文献格式

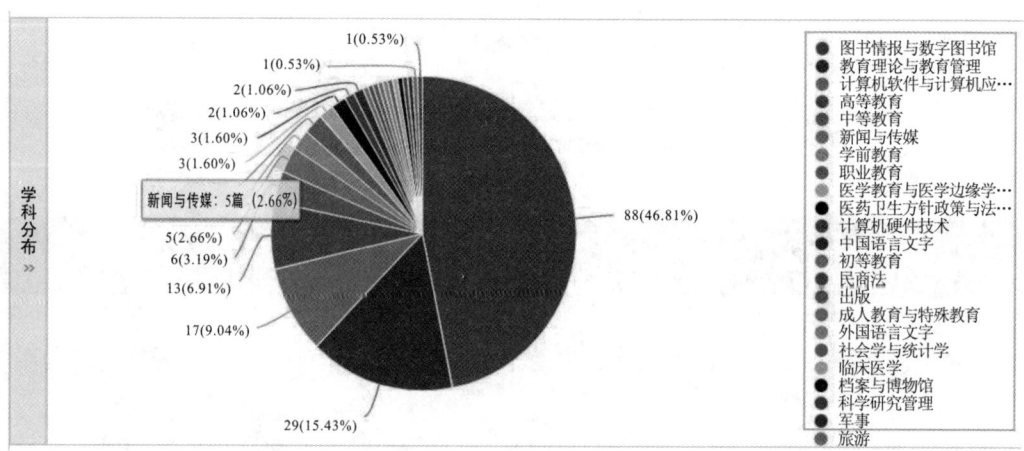

图 4-29 检索结果学科分布

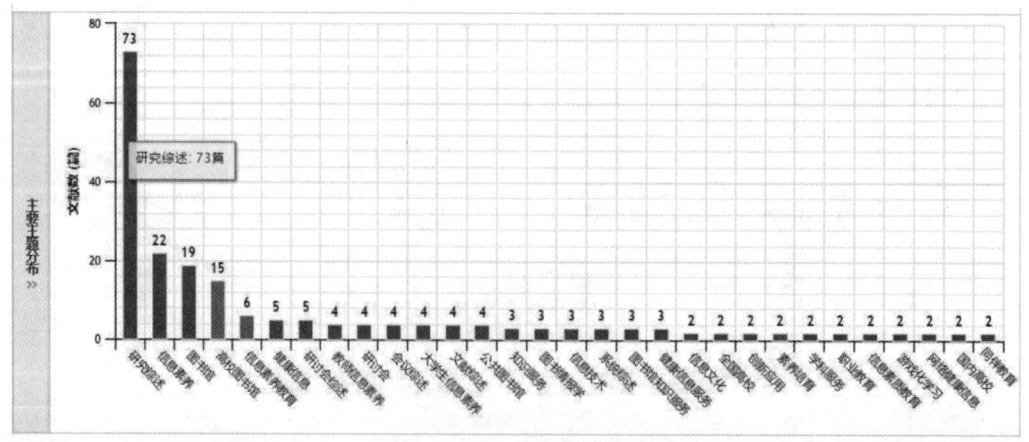

图 4-30 检索结果主要主题分布

第4章 图书馆常用数据库使用方法

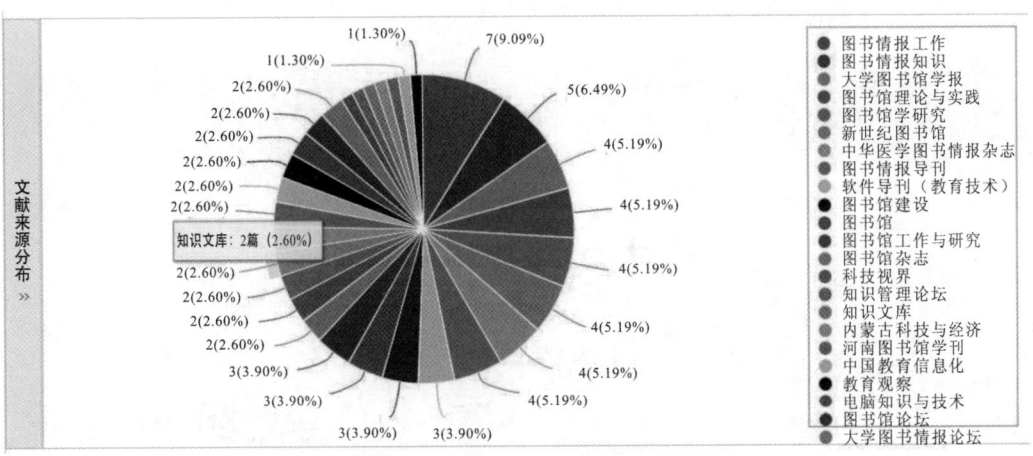

图 4-31 检索结果文献来源分布

4.3 中文期刊服务平台(维普)

4.3.1 数据库简介

中文期刊服务平台是以中文期刊资源保障和数据检索应用为基础,以数据挖掘与分析为特色,面向教、学、产、研等多场景应用的期刊大数据服务平台。平台采用了先进的大数据构架与云端服务模式,通过准确、完整的数据索引和知识本体分析,着力为读者及信息服务机构提供优质的知识服务解决方案和良好的使用体验。

中文期刊服务平台具有以下功能价值:①高效的文献检索平台——检索排序优化和同义词扩展等大大提高了检索性能;②精准的聚类组配方式——多维度对检索结果进行层层筛选;③深入的引文追踪分析——深入追踪研究课题的来龙去脉;④详尽的计量分析报告——快速了解和掌握相关领域的研究概貌;⑤完善的全文保障服务——全方面的期刊全文资源获取服务;⑥完整的移动解决方案——满足移动端用户的多场景使用需要。

4.3.2 期刊文献检索与获取流程

1. 文献检索方式

1) 基本检索

本平台提供一框式检索(访问地址为 http://qikan.cqvip.com),支持题名或关键词、题名、关键词等十余个检索字段,可以快速获取检索结果(图4-32)。

图 4-32　一框式检索界面(数据库首页)

2)高级检索

高级检索亦称"组栏式检索",即在每个检索框中输入与之相对应的检索词,运用"与""或""非"的布尔逻辑关系将多个检索词进行组配,以得到精确的搜索结果。同时还支持时间限定、学科限定和期刊范围限定(图4-33)。

图 4-33　高级检索界面(二)

3)检索式检索

检索式检索是提供给专业级用户的数据库检索功能,用户可以自行在检索框中书写布尔逻辑表达式以进行组配检索。如输入检索式(K=(CAD+CAM)+雷达)*R=机械-K=磨具(图 4-34),得到的检索结果如图 4-35 所示。

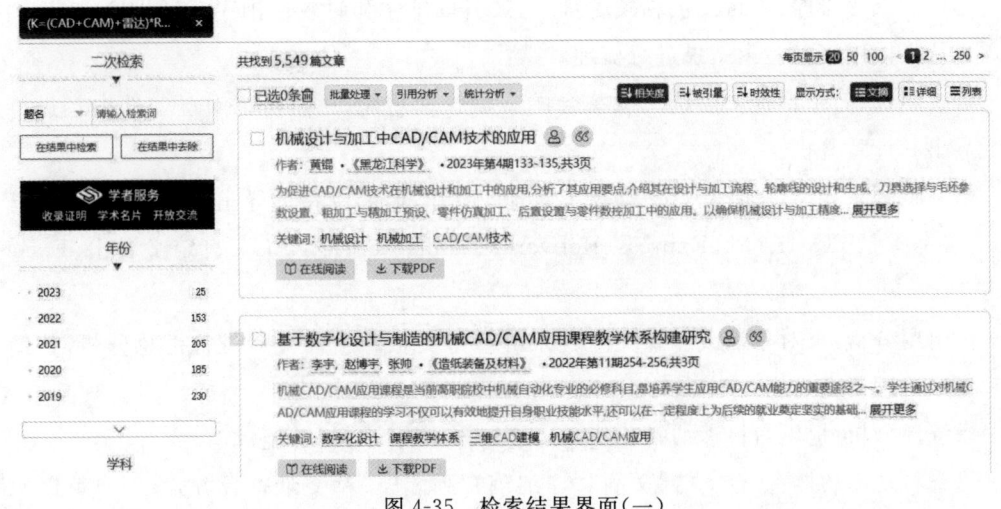

图 4-34 输入检索式

图 4-35 检索结果界面(一)

2.对检索结果进行筛选和提炼

中文期刊服务平台提供了基于检索结果的二次检索、分面聚类筛选、多种排序方式,方便用户快速找到目标文献。现根据图 4-36 中的编号,对页面各项说明如下。

❶二次检索:在已有检索结果的基础上,通过"在结果中检索"选定特定检索内容,或者通过"在结果中去除"摒弃特定检索内容,缩小检索范围,进一步精炼检索结果。

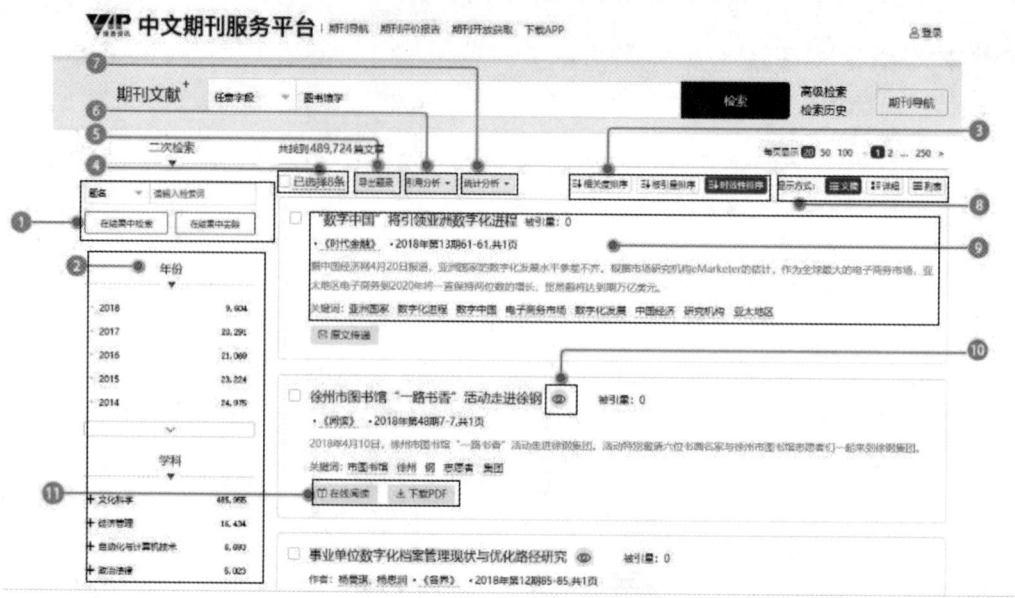

图 4-36 检索结果处理界面

❷检索结果聚类：各聚类项执行"且"（AND）的检索逻辑，层层筛选检索结果。

❸检索结果排序：平台提供相关度排序、被引量排序和时效性排序三种排序方式，用户可以从不同维度对检索结果进行梳理。

❹文献选择：平台提供已选文献集合的文献管理功能，用户可以对已勾选内容进行题录导出和计量分析。

❺文献题录导出：平台支持文献题录信息的导出功能，支持的导出格式为文本、查新格式、参考文献、XML、NoteExpress、Refworks、EndNote、NoteFirst、自定义导出、Excel导出。

❻引用分析：可对单篇或多篇文献题录的参考文献和引证文献进行汇总分析，帮助用户有效梳理研究主题。

❼统计分析：提供对检索结果和已选文献集合的统计分析功能。

❽查看视图切换：平台支持"文摘""详细"和"列表"三种文献查看方式，用户可以按需进行视图切换。

❾文献题录查看：可以在题录列表中详细浏览文献题录信息，根据显示方式的不同，文献题录显示详略不一，主要有题名、作者、机构、来源和期次等。

❿首页信息预览：在文摘和详细视图下，用户可以点击题名右侧的预览按钮，以预览文献首页的内容，从而快速判断文献参考价值。

⓫全文保障服务：平台提供在线阅读、下载 PDF、原文传递、OA 全文链接等多途径的全文保障模式。

3. 获取文献全文

获取文献全文界面如图 4-37 所示,现结合图中编号,对界面各项说明如下。

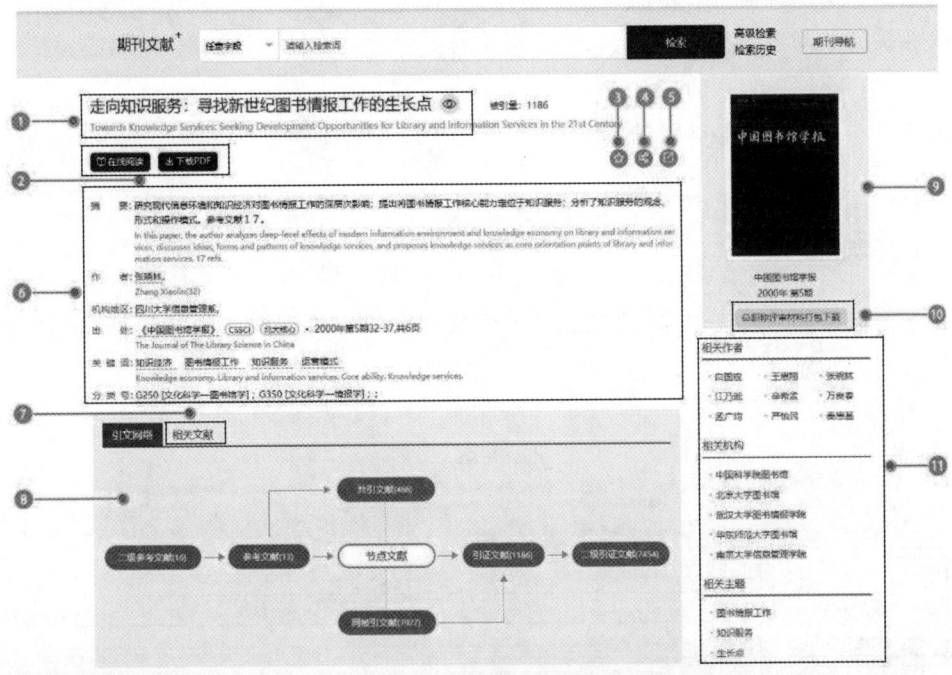

图 4-37　获取文献全文界面

❶题录中英文对照:文献详情页提供文献题录相关字段的中英文对照。

❷文献的全文获取:平台提供在线阅读、下载 PDF、OA 全文链接等多种文献获取方式。

❸文章收藏:用户可点击收藏按钮将自己喜欢的文章收藏到个人中心。

❹文章分享:用户可以将自己感觉有价值的文章快速分享到微信、微博、QQ 等社交平台。

❺文章题录导出:文章详细页同样提供题录导出,提供文本、查新格式、参考文献等十种导出格式。

❻题录细览:可获取该篇文献的详细题录信息,点击字段所附链接,即可获得对应的字段检索内容。

❼相关文献:提供与本文献研究领域相关的文献推荐,用户可以点击相关文献题名,获取相关文献信息。

❽引文脉络:理清一篇文章从创作到利用的整个引用情况,既能回溯到该篇文章参考文献的参考文献,也能查询到该篇文章引证文献的引证文献。点击相关引文链接,即可定位到相关引文列表。

⑨期刊信息展示：展示该篇文章所属的期刊信息，包括刊名（封面）、该篇文章所在的期次。

⑩职称评审材料打包下载：点击该按钮，即可一键获得包含文章目录、封面、封底、题录和全文在内的全部职称评审所需文献材料。

⑪相关知识对象：可查看与该篇文献相关的主题、作者、机构等知识对象。

4.3.3 期刊导航使用流程

1. 打开期刊导航页面

点击页面顶部导航区的"期刊导航"链接，或页面上方检索框后的"期刊导航"按钮，均可进入期刊导航页面（图4-38）。现结合图中编号，对页面中各项说明如下。

图4-38 期刊导航页面

❶期刊检索：可以切换检索字段，实现期刊资源的检索。平台支持以下检索字段：刊名、ISSN、CN、主办单位、主编、邮发代号。

❷聚类筛选：平台提供核心期刊导航、国内外数据库收录导航、地区导航、主题导航多种期刊聚类方式，方便用户按需进行切换。

❸期刊收录：显示目前平台期刊收录种数。

❹按首字母查找：可以通过刊名首字母查找期刊。

❺按学科浏览：可以根据所属的学科类别浏览期刊。

2. 设定期刊检索条件

期刊导航分为期刊检索查找、期刊导航浏览两种方式。现以期刊《图书情报工作》为例,对两种方式进行介绍。

1)使用检索的方式找到期刊

在期刊检索面板"刊名"后的文本框内,输入"图书情报工作",点击"期刊检索"按钮。在期刊检索结果页面,找到目标期刊"图书情报工作",点击期刊名链接,即可查看该期刊详细信息。

2)使用浏览的方式找到期刊

在期刊导航页面右侧的学科细分列表,找到"文化科学"大类下的"情报学"分类并点击。在期刊列表页面找到目标期刊"图书情报工作",点击期刊名链接,即可查看该期刊详细信息。

3. 获取目标期刊的相关信息

进入期刊详情页即可获得与该刊相关的各种信息。以期刊《图书情报工作》为例,相关信息界面如图 4-39 所示。现结合图中编号对各项说明如下。

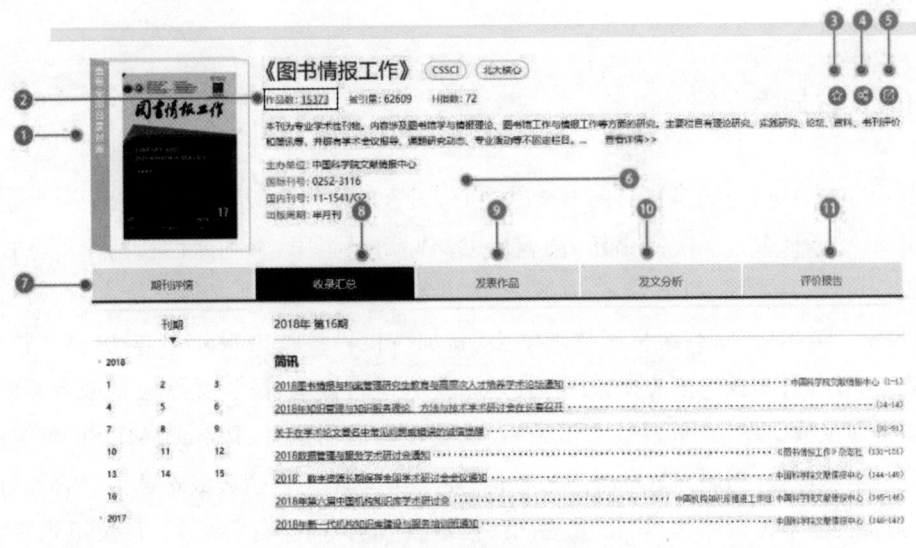

图 4-39 期刊的相关信息界面

❶封面目录查看:点击即可查看该期刊各期次的封面、封底及目录信息。

❷发文情况概览:查看期刊发文作品详情。

❸收藏期刊:点击期刊收藏按钮,进入个人中心即可对以往已收藏期刊进行查阅。

❹分享期刊:用户可以将自己感觉有价值的期刊快速分享到微信、微博、QQ 等社交

平台。

⑤分析报告：点击可查看期刊计量分析报告，同时支持导出该分析报告。

⑥期刊详情展示：可查看期刊的详尽信息，包括曾用名、主办单位、ISSN号等基本信息，以及期刊的获奖情况、国内外数据库收录情况等。

⑦期刊详情：包括详细的期刊信息、期刊简介和收录情况。

⑧收录汇总：对本期刊历年收录文献的期次以及每期具体收录内容做一个详细有序的显示。

⑨发表作品：采用文章结果详情的页面结构，对本期刊收录的所有发表文章进行详尽的展示，可以根据搜索和聚类查看自己需要的文章。

⑩发文分析：完整透析出本期刊学术成果以及相关发文对象的统计，更能使整个分析数据一键导出PDF，供用户使用。

⑪评价报告：整合近十年来期刊学术评价指标的分析数据，引用期刊领域权威的学术分析指标。

4.4 万方数据资源系统

4.4.1 数据库介绍

目前，万方数据已与国家科技图书文献中心、国家科技报告服务系统、中国科学院文献情报中心、中国社会科学院图书馆、约翰威立国际出版集团、泰勒弗朗西斯出版集团、世哲出版公司、威科集团、科睿唯安、牛津大学出版社、剑桥大学出版社、德古意特出版社、法国科学传播出版社、英国皇家物理学会、新加坡世界科技出版公司、韩国科学技术信息研究院、日本科学技术信息集成系统、开放获取期刊目录、医学文献检索服务系统、电子预印本文献数据库、多学科数字出版机构、美国科研出版社、Project MUSE等多家国内外著名学术机构、出版商、OA出版/集成平台及预印本平台达成战略及数据合作，海纳中外期刊论文、学位论文、会议论文、图书、报纸、标准、专利、科技成果、科技报告等各类学术资源，携手打造全球学术资源发现基地。

4.4.2 数据库访问及使用

万方数据平台网址为 https://www.wanfangdata.com.cn/index.html，数据库首页如图4-40所示。

第4章 图书馆常用数据库使用方法

图 4-40 数据库首页(统一检索界面)

1. 资源检索

1)统一检索

在平台首页的检索框中输入检索词,可实现对多种类型资源的一站式检索和发现,同时,它还可对用户输入的检索词进行实体识别,便于引导用户更快捷地获取知识及学者、机构等科研实体的信息。

在统一检索的输入框内,用户可以选择想要限定的检索字段,目前共有五个可检索字段——题名、作者、作者单位、关键词和摘要。

用户可以单击检索字段进行限定检索,也可以直接在检索框内输入检索式进行检索。例如,检索题名包含"信息素养"的文献,用户可以单击"题名"字段检索,输入"信息素养";也可以自主输入检索式检索,如"标题:信息素养""题名:信息素养""题:信息素养""篇名:信息素养""t:信息素养""title:信息素养"(图 4-41)。

万方智搜默认用户直接输入的检索词为模糊检索,用户可以通过加引号来限定检索词为精确检索。例如,用户想要查询信息资源检索方面的文献,检索式为:信息资源检索,即为模糊检索;检索式为:"信息资源检索",即为精确检索。

另外,用户也可以在检索框内使用 not、and、or 对检索词进行逻辑匹配检索,其中 and 可以用空格代替。例如,用户想要查询"信息检索"和"本体"方面的文献,检索式为:信息检索 and 本体或信息检索 空格 本体(图 4-42)。

2)分类检索

万方智搜为用户提供了不同资源的分类检索,包括期刊、学位、会议、专利、科技报

图 4-41　检索式检索界面(一)

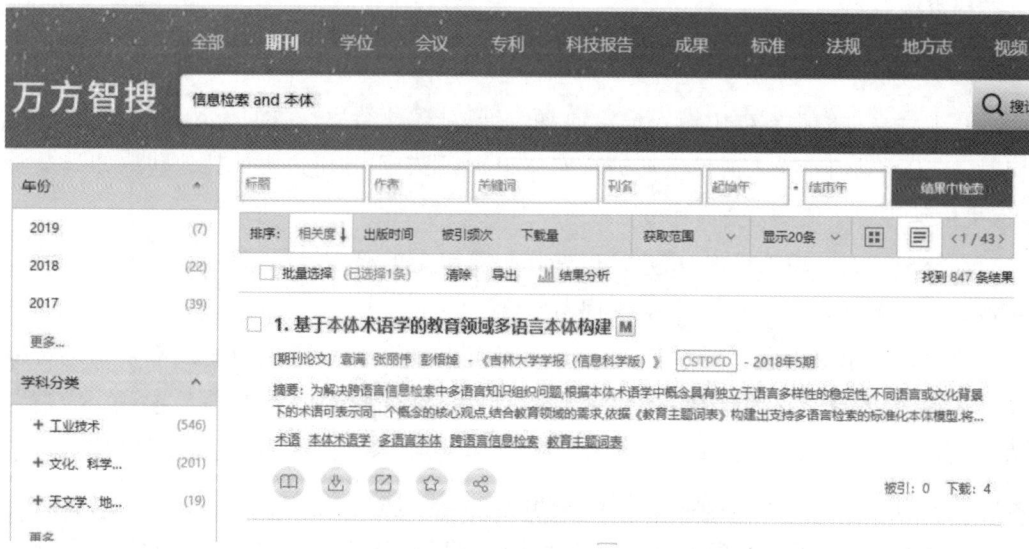

图 4-42　检索式检索界面(二)

告、地方志等资源。用户可以通过单击检索框上部的资源类型进行检索范围切换。

万方智搜可检索篇级文献,也可以检索期刊母体、会议、志书。

在期刊资源方面,可以实现对期刊论文和期刊母体的检索(图 4-43),输入检索词,或限定字段并输入检索词,点击"搜论文"按钮,可实现对期刊论文的检索;输入刊名、刊号,点击搜期刊,可实现对期刊母体的检索。

第 4 章　图书馆常用数据库使用方法

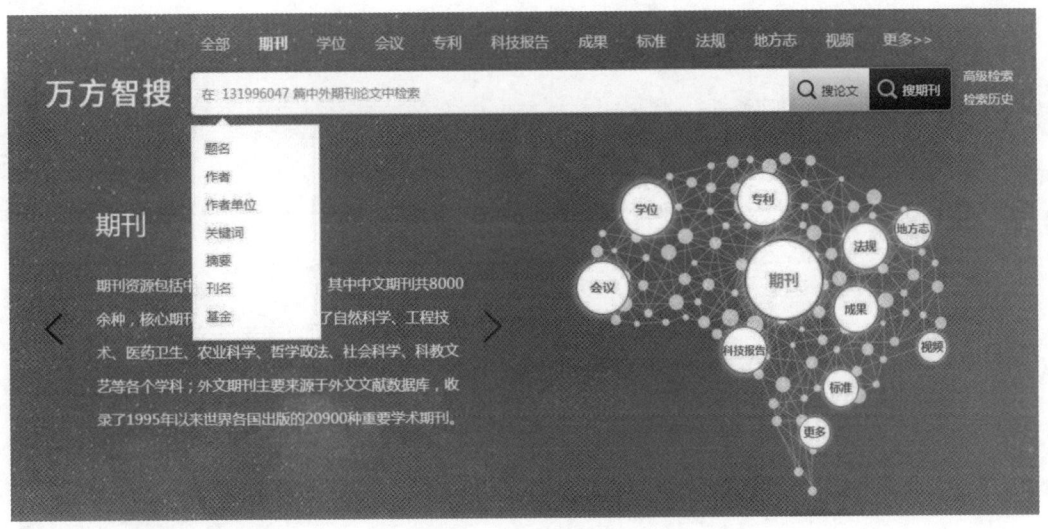

图 4-43　期刊检索界面

学位资源的检索：点击搜索框上方的"学位"，可在检索框内输入检索词直接检索；也可限定字段后检索，主要字段有题名、关键词、专业、导师、学位授予单位等。

会议资源、专利资源、科技报告、成果资源、标准资源、法规资源等检索方法同上。

3) 高级检索

万方智搜检索框的右侧有高级检索的入口，单击进入高级检索界面(图 4-44)。高级检索支持多个检索类型、多个检索字段和条件之间的逻辑组配检索，方便用户构建复杂检索表达式。

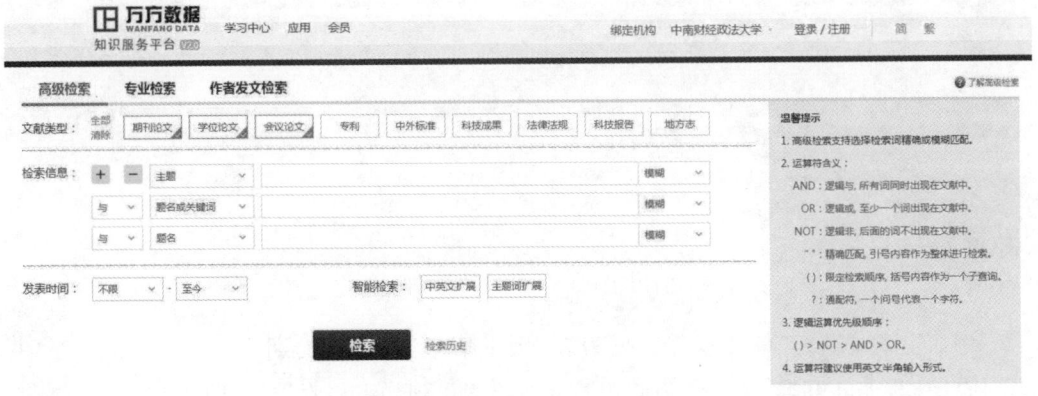

图 4-44　高级检索界面(三)

在高级检索界面，用户可以根据自己的需要，选择想要检索的资源类型，通过 + 或者 − 添加或者减少检索条件，通过"与""或""非"限定检索条件，可以选择文献的其他字段，例如会议主办方、作者、作者单位等检索，还可以限定文献的发表时间和万方数据文献的更新时间，同时高级检索也提供了精确和模糊的选项，满足用户查准和查全的需求。

· 75 ·

4)专业检索

万方智搜检索框的右侧有高级检索的入口,单击进入高级检索界面,然后选择专业检索,界面如图 4-45 所示。

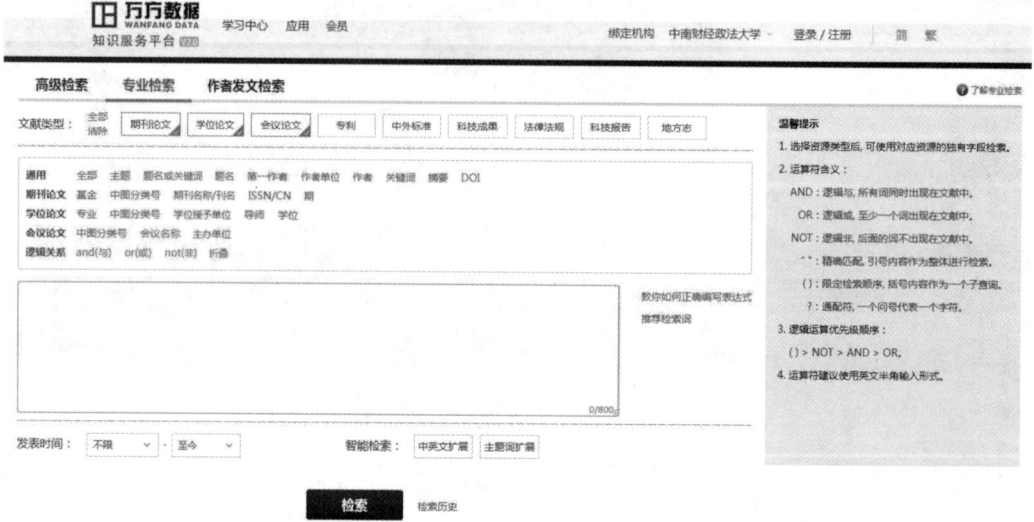

图 4-45 专业检索界面

专业检索是所有检索方式里面比较复杂的一种检索方法。需要用户自己输入检索式来检索,并且应确保所输入的检索式语法正确,这样才能检索到想要的结果。每个资源的专业检索字段都不一样,详细的字段可以在通用中进行选择(图 4-46)。

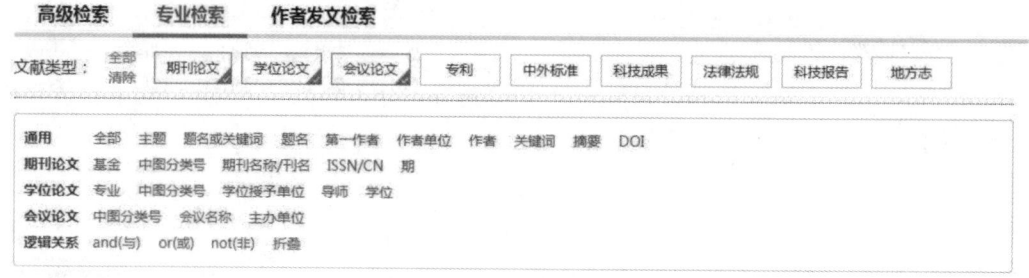

图 4-46 可检索字段界面

例如检索主题为"信息素养",发表在《图书情报知识》上的期刊文献,检索式为"主题:信息素养 and 刊名:图书情报知识",专业检索得到如下检索结果(图 4-47)。

用户如果对自己想要检索的检索词不确定,可以点击"推荐检索词",输入一些语句,单击搜索相关推荐词,得到规范的检索词(图 4-48)。

在高级检索和专业检索中均添加了智能检索的功能,智能检索包括中英文扩展和主题词扩展(图 4-49)。

第 4 章 图书馆常用数据库使用方法

图 4-47 专业检索界面与检索结果

图 4-48 推荐检索词界面

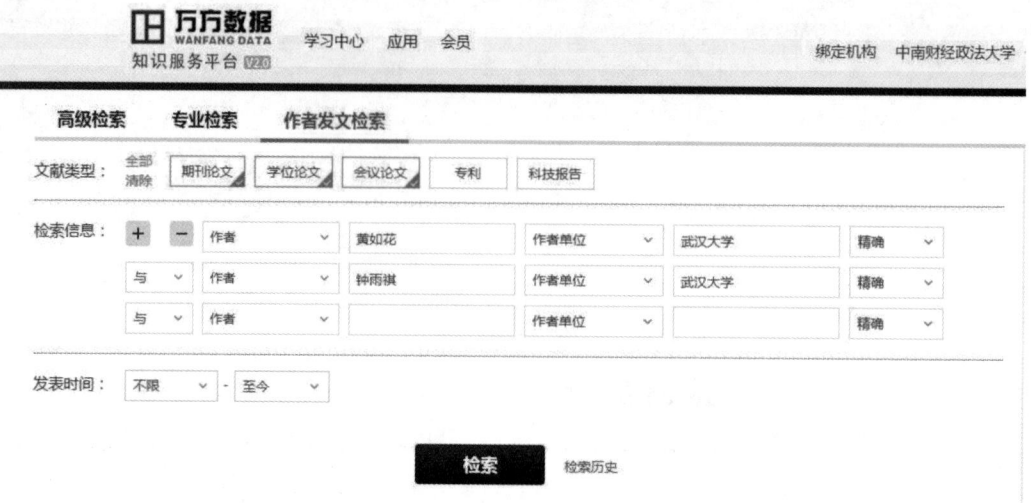

图 4-49　智能检索界面

中英文扩展指的是对检索词进行中文及英文的扩展检索,扩大检索范围。主题词扩展指的是基于主题词表,对检索词扩展同义词和下位词,帮助用户在保证查准率的条件下,扩大检索范围,提升检索的查全率。

5)作者发文检索

作者发文检索是通过输入作者名称和作者单位等字段来精确查找相关作者的学术成果。用户可以选择想要检索的资源类型,通过 + 或者 − 添加或者减少检索条件,通过"与""或""非"限定检索条件进行检索。可以检索第一作者,并且能够同时检索多个作者的成果(图 4-50)。

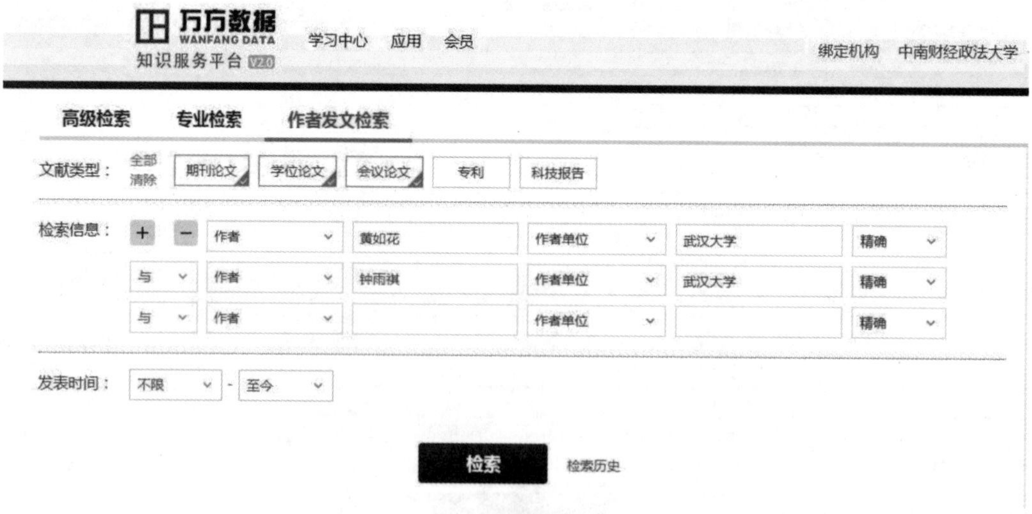

图 4-50　作者发文检索界面

高级检索、专业检索和作者发文检索添加了智能检索的功能,智能检索包括中英文扩展和主题词扩展(图 4-51)。

图 4-51　作者发文检索结果界面

6)智能识别

智能检索指的是用户输入检索词,系统可以识别检索词的实体类型,智能提示用户是否要查找该实体。

例如,在检索框里输入"张建国",系统识别张建国属于学者,因而优先展示作者张建国发表的文献,并提供所有同名学者的名片供用户选择(图 4-52)。

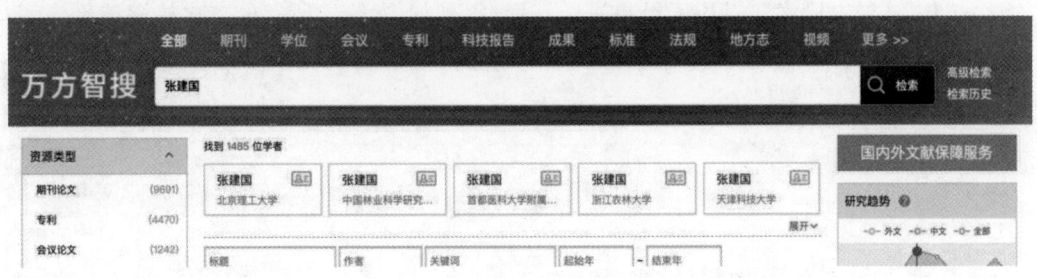

图 4-52　智能识别界面(一)

例如,在检索框里输入"情报学报",系统识别出《情报学报》为期刊名称,提示用户是否要查看《情报学报》这本期刊(图 4-53)。

7)二次检索

在检索结果页面,还可以对该检索结果进行二次检索。二次检索可以对检索字段进行限定检索。二次检索的检索字段根据不同的资源会有所不同,主要有标题、作者、关键词、起始年、结束年。

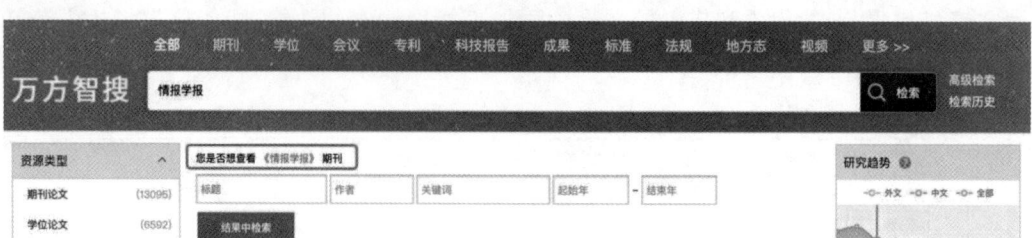

图 4-53　智能识别界面(二)

例如,在检索框里输入"信息",得到如图 4-54 所示的检索结果。

图 4-54　二次检索界面(一)

对检索结果进行二次检索,限定题名为"资源管理"(图 4-55)。

图 4-55　二次检索界面(二)

点击"结果中检索",对检索结果进行精简,得到如图 4-56 所示的二次检索结果。

图 4-56　二次检索界面(三)

8) 检索历史

万方智搜提供对用户检索行为的记录,即检索历史。检索框的右侧有检索历史的入口,单击进入检索历史界面(图 4-57)。

在检索历史界面,可以导出检索历史,包括检索式、检索结果数量、检索时间等。在未登录状态下,用户若没有清除缓存或清空检索历史,最多可保存 50 条检索记录。在个人用

图 4-57 检索历史

户登录状态下,系统默认保存180天内所有的检索记录,便于用户快捷地检索获取文献。

另外,用户也可以在检索历史页面单击检索式,进行重新检索。单击"订阅"按钮订阅该检索式下的文献,有更新时,系统会自动给你发送消息,可在个人中心查看。单击"导出"按钮,可以将检索历史导出(图 4-58)。

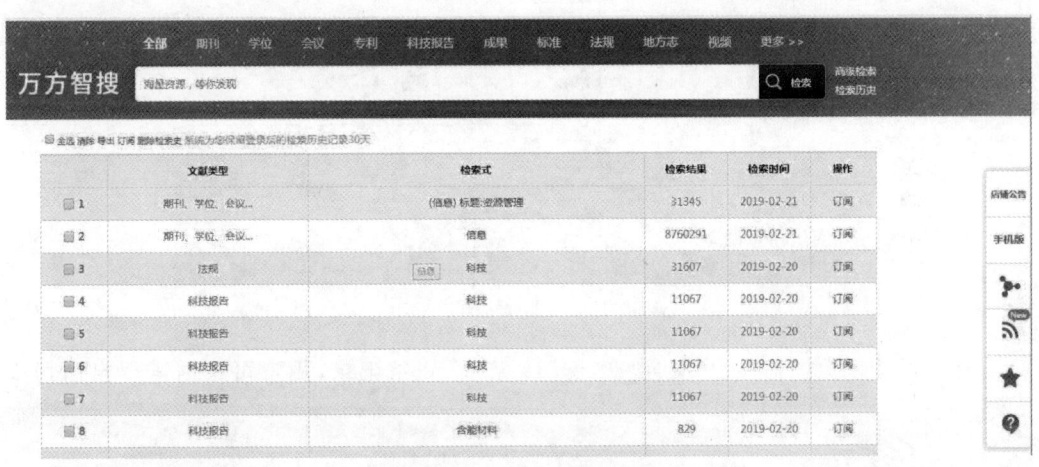

图 4-58 检索结果界面(二)

9) 结果展示和结果排序

检索结果可按详情式和列表式两种方式展示。详情式展示文献类型、标题、摘要、作者、关键词、来源、年/卷(期)等信息(图 4-59)。

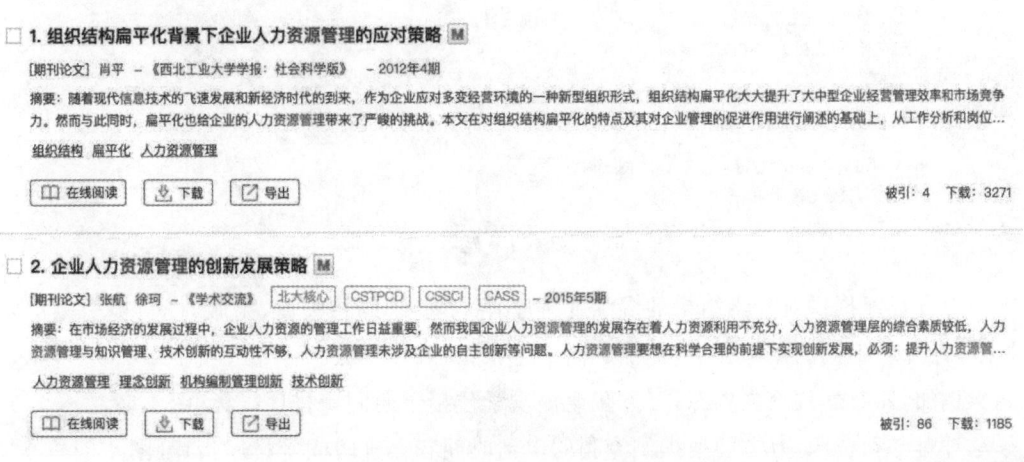

图 4-59 详情式结果展示

列表式只展示标题、作者、来源、时间等简要信息(图 4-60)。

□ 批量选择 (已选择0条) 清除 导出 结果分析 □ 只看核心期刊论文 找到 27 条结果

	标题	作者	刊名	年/期	被引	下载	操作
□1	【期刊论文】 第五届全国情报学博士生学术论坛暨2015中国信息资源管理论坛在中国人民大学举办	田力	《情报资料工作》	2015年6期	0		
□2	【期刊论文】 西方国家公共信息资源管理的组织结构特色及启示	夏义堃	《情报学报》	2008年2期	0	282	
□3	【期刊论文】 当代信息资源管理领域值得关注的重要问题——以《信息资源管理前沿课题》丛书为例的分析	马费成 王晓光	《情报学报》	2007年2期	0	583	
□4	【期刊论文】 国家学位论文资源管理现状及其对策研究	贺德方 姜爱蓉 曾建勋 赵嘉朱 赵阳 周...	《情报学报》	2006年5期	0		
□5	【期刊论文】 构建基于生命周期方法的政府信息资源管理模型	朱晓峰 苏新宁	《情报学报》	2005年2期	0		
□6	【期刊论文】 企业发展过程中的信息资源管理战略	霍国庆 卢光泽	《情报学报》	2004年2期	0	85	
□7	【期刊论文】 中文域名信息资源管理与保护	苏广利 郭闽英	《情报学报》	2002年5期	0	37	
□8	【期刊论文】 大数据时代高校图书馆信息资源管理的创新与发展	张颖	《武汉理工大学学报(社会科学版)》	2015年3期	20	120	
□9	【期刊论文】 基于内容分析法的中国人力资源管理研究文献分析	杨艳 胡蓓 蒋佳丽	《情报杂志》	2009年12期	17	233	
□10	【期刊论文】 信息资源管理研究的多重视角及其共同体的形成(II)——企业领域及情报学视野下的研究	宋恩梅	《中国图书馆学报》	2007年6期	0	85	

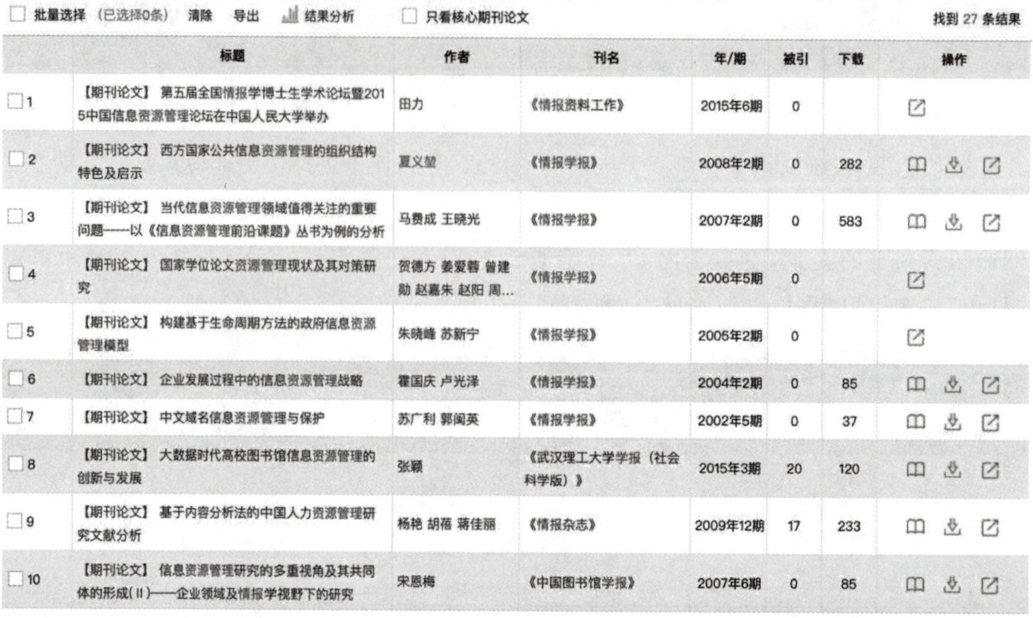

图 4-60 列表式结果展示

在检索结果页中,每页可显示 20 条、30 条或 50 条记录,用户可根据需要自由切换(图 4-61)。

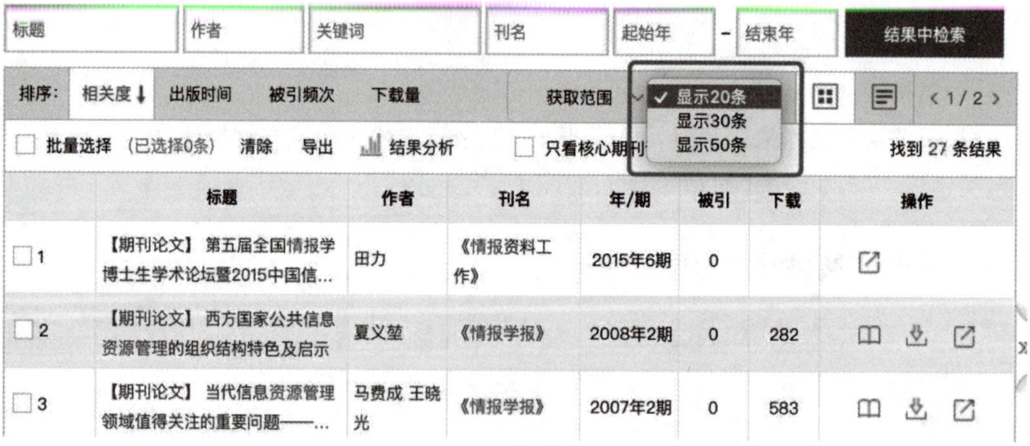

图 4-61 检索结果显示条数界面

万方智搜提供对检索结果的多维度排序,除了传统的相关度、出版时间、被引频次指标外,还针对不同的资源类型,提供不同的排序指标。

例如,针对学位论文资源,万方智搜提供学位授予时间等排序指标(图 4-62)。

针对专利资源,万方智搜提供专利的申请时间和公开时间等排序指标(图 4-63)。

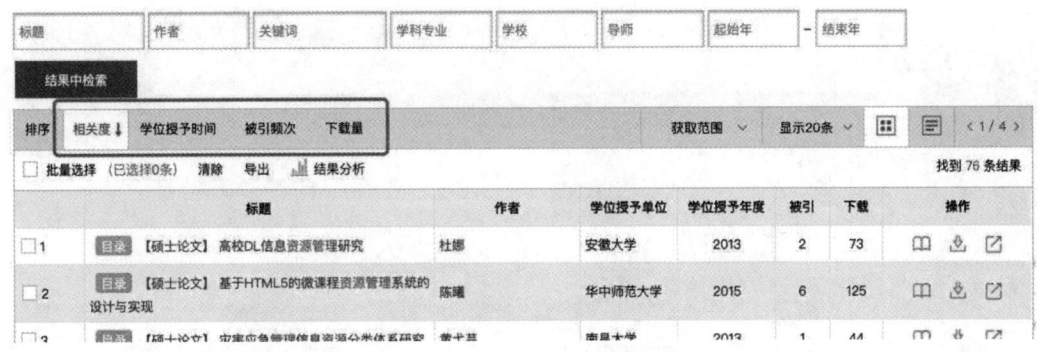

图 4-62 学位论文检索结果排序

图 4-63 专利检索结果排序

万方智搜针对科技报告资源,提供编制时间等排序指标;针对成果资源,提供先进成果优先、成果级别、新成果优先、公布年份等排序指标;针对法规资源,提供颁布时间等排序指标。

10) 结果聚类

结果聚类是在显示检索结果后,通过资源类型、出版时间、语种、来源数据库等限定条件进一步缩小检索结果范围。对于不同的资源类型,系统根据聚类显示的分面不同。

点击检索框上方的"全部"按钮,通过资源类型、年份、学科分类、语种、来源数据库、出版状态、作者、机构等分面限定对文献进行筛选(图 4-64)。

2. 学术分析

1) 研究趋势

针对用户的检索词,万方智搜提供中外文文献的时间分布趋势,帮助用户从中洞察主题发展动态(图 4-65)。

2) 万方指数

万方指数是新增的一项功能,是在传统文献计量基础上,结合用户的数据使用情况及社交媒体关注度,建立万方自有的学术评价指标,为用户找准论文提供更多参考。万

图 4-64　结果聚类图

图 4-65　研究趋势图

方指数图如图 4-66 所示。

其中,"文摘阅读"指文献被查看题录信息(浏览详情页)的次数;"下载"指文献被下载全文和在线阅读全文的次数;"第三方链接"指文献被点击第三方链接及请求原文传递的次数;"被引"指文献的被引频次。

3)引文网络

引文网络用于描述该论文的参考文献与引证文献之间的关系。通过引文网络,可以深入地了解科学领域的发展、学科间的关系(图 4-67)。

第 4 章　图书馆常用数据库使用方法

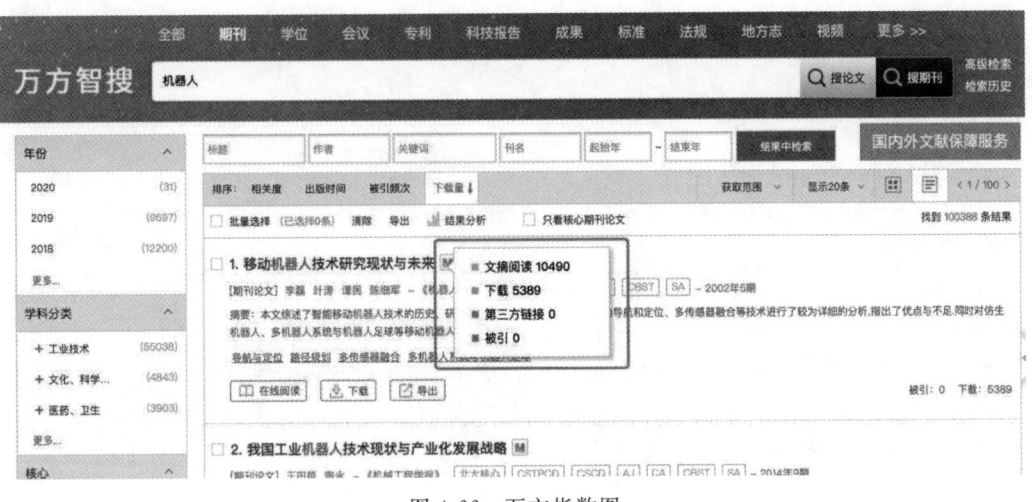

图 4-66　万方指数图

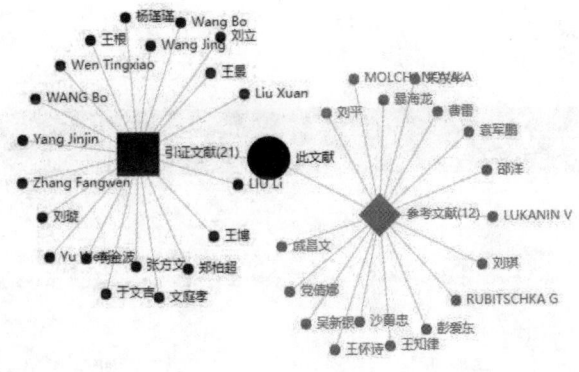

图 4-67　引文网络图

4）知识脉络分析

通过点击论文详情页的关键词、作者、作者单位、刊名后的柱状图，可以构建出多维度、多层次、内容深度关联的知识脉络（图 4-68、图 4-69）。

5）检索结果分析

在检索结果页面可以看到"结果分析"按钮和右侧的"研究趋势"模块。点击"结果分析"按钮之后，跳转到万方分析—检索结果分析页面，可对年份、作者、机构、学科、期刊、基金、资源类型、关键词进行可视化分析（图 4-70）。

图 4-68 论文详情页

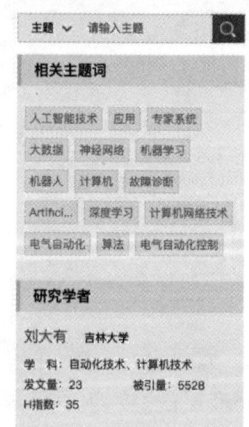

图 4-69 知识脉络分析图

第4章 图书馆常用数据库使用方法

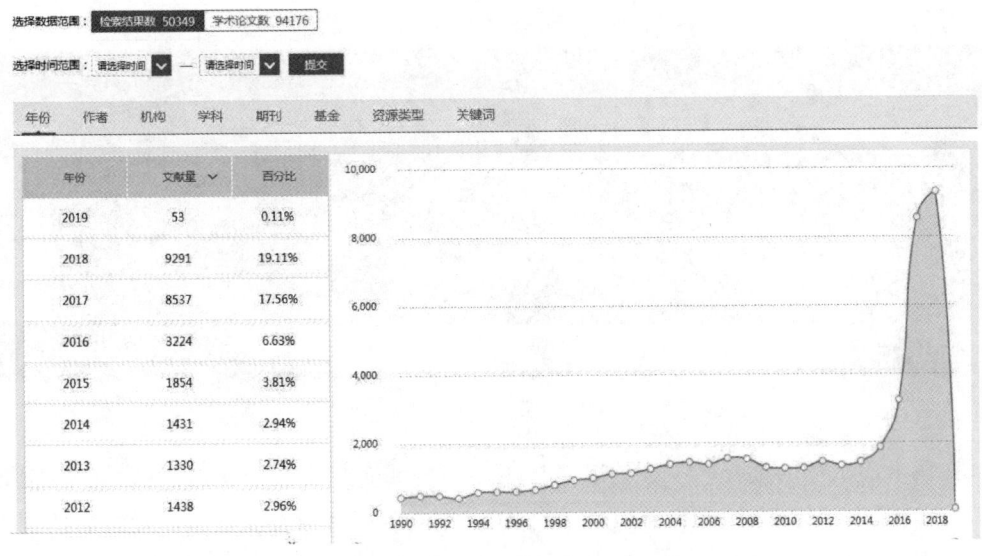

图 4-70 检索结果分析图

4.5 中国人民大学复印报刊资料库

4.5.1 数据库介绍

中国人民大学复印报刊资料库是在中国人民大学书报资料中心的基础上发展而成的，其特点在于广泛涵盖了人文科学和社会科学的资料，并提供了先进的检索方式和优质的期刊、论文推荐，为社科研究提供了重要的文献支持。它的分类和涵盖范围的不断更新与完善也使其成为一个持续为研究者提供有用信息的宝贵资源。

该数据库汇集了从 1978 年至今的"复印报刊资料"系列期刊的全部目录，并按照专题和学科体系进行分类编排。部分专题甚至回溯到创刊年。最初划分为政治、经济、教育和文史语言四大类，后来进行了多次改进和调整，分为哲学、政治、法律、社会总论、经济类、文化、教育、体育类，语言文字、文学、艺术、历史、地理、其他类等四大类。后续又增设了数学、物理、化学等大类，并在 2013 年改为按照九大类出版：政治学与社会学类、法律类、哲学类、经济学与经济管理类、文学与艺术类、教育类、历史类、文化信息传播类、其他类刊。

4.5.2 数据库访问及使用

中国人民大学复印报刊资料库网址为 http://www.rdfybk.com，主页如图 4-71 所示。

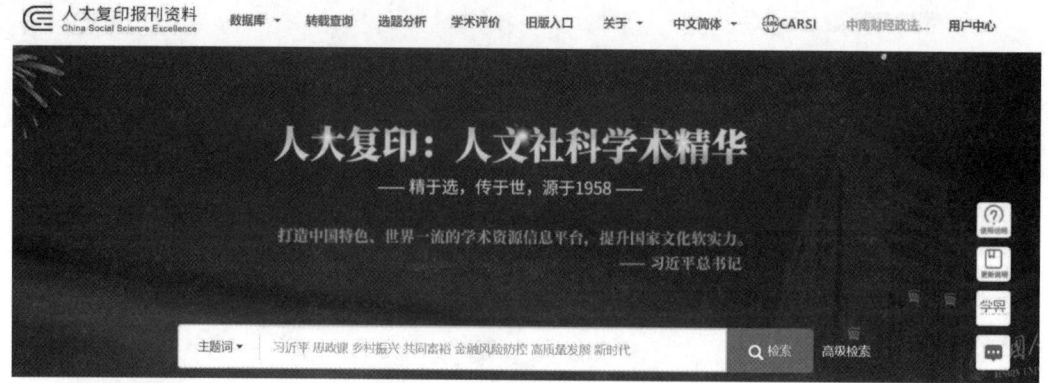

图 4-71　数据库首页（一）

中国人民大学书报资料中心的数字出版产品主要有全文数据库、报刊索引库、报刊摘要库、目录索引库、专题研究库、数字期刊库。在此主要介绍全文数据库和数字期刊库两个库。全文数据库设有导航式检索、一框式检索和高级检索三种检索方式，无论哪种方式，都可进行二次检索。单击主页上"首页"旁的"全文数据库"即可进入检索界面。

1. 全文数据库资源检索

1）导航式检索

导航式检索即在分类资源目录上进行检索，该目录是按人大分类法组织的期刊分类专题目录，位于"全文数据库"检索界面（图 4-72）的左侧，是简单搜索和高级搜索的基础，准确地说是分类资源目录浏览，既可单独使用，又可配合其他检索使用。"全文数据库"分为资源列表区（分类资源目录）、数据库命中结果区、检索区和检索结果显示四个区。

全文数据库自 2013 年起将所收录的文献按期刊改为九大类刊出版，分类资源目录即为资源列表区，可分至三级类目。分类资源目录有两种浏览方法，均可进行二次检索。

单击左侧可查询资源（资源列表区）前面的"+"，则显示该大类目的二级类目，依次类推，共可分三级类目浏览检索该类期刊上的文献，例如，政治学与社会学类刊（一级类目）→马克思列宁主义研究（二级类目）→马克思、恩格斯研究（三级类目）。

2）一框式检索

一框式检索是类似于搜索引擎式的检索方式（图 4-73），一般可以在专题文献普查时使用。一框式检索也可以进行分类检索。

3）高级检索

高级检索支持"多项双词逻辑组合检索""双词词频控制检索"等功能。在检索结果页，用户不仅可对结果进行二次筛选、排序，还可直接下载论文（图 4-74）。

第4章 图书馆常用数据库使用方法

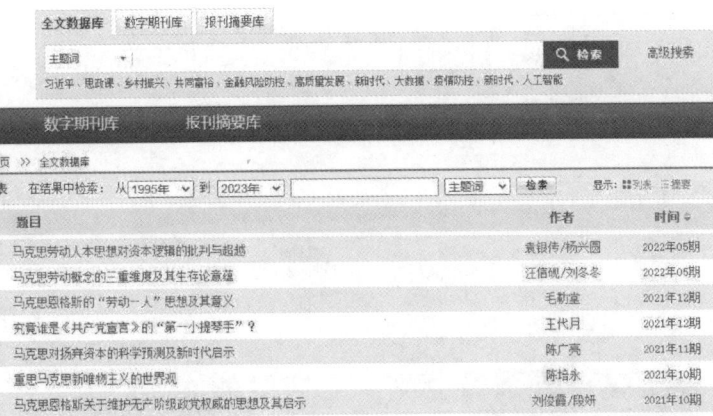

图 4-72 分类资源目录

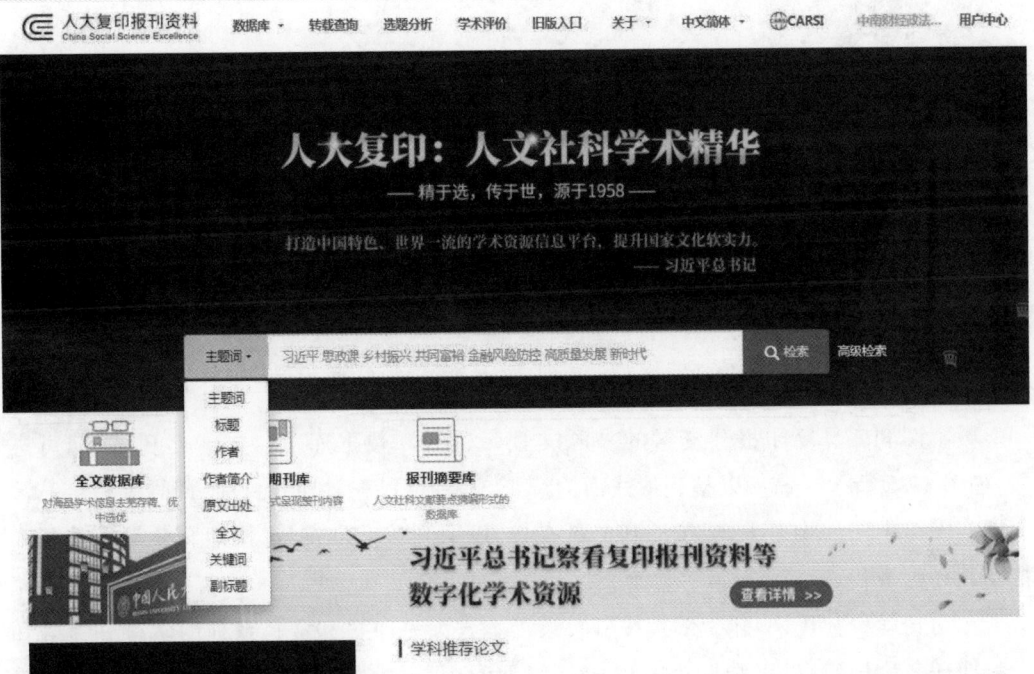

图 4-73 一框式检索页面

图 4-74　高级检索结果界面(二)

2. 数字期刊库资源检索

数字期刊库是复印报刊资料的来源文献库,点击"数据库"—"数字期刊库"即可进入,如图 4-75 所示。该库以整刊形式面向读者,读者可以查看期刊封面、期号等信息。数字期刊库提供四种检索方式:按期刊学科查找、按期刊首字母查找、按期刊分类号查找和按期刊名称查找。

按期刊学科查找,实际为依次按所收录纸本人大复印报刊资料系列的学科分类号和学科期刊名称排列,可以帮助用户确定高级搜索中与之对应的期刊代号和期刊名称字段,如单击"【A1】马克思列宁主义研究"链接即可按复印期号检索和阅读全文。

3. 可视化选题分析

选择研究方向是学术科研活动中最重要的工作之一。平台将用户的选题从选题预判、合作参考、文献推荐三个方面进行分析,帮助用户提升学术创新洞察能力。点击"选题分析",在搜索框中输入"元宇宙",选题预判、合作参考推荐如图 4-76、图 4-77 所示。

第 4 章 图书馆常用数据库使用方法

图 4-75 数字期刊库检索

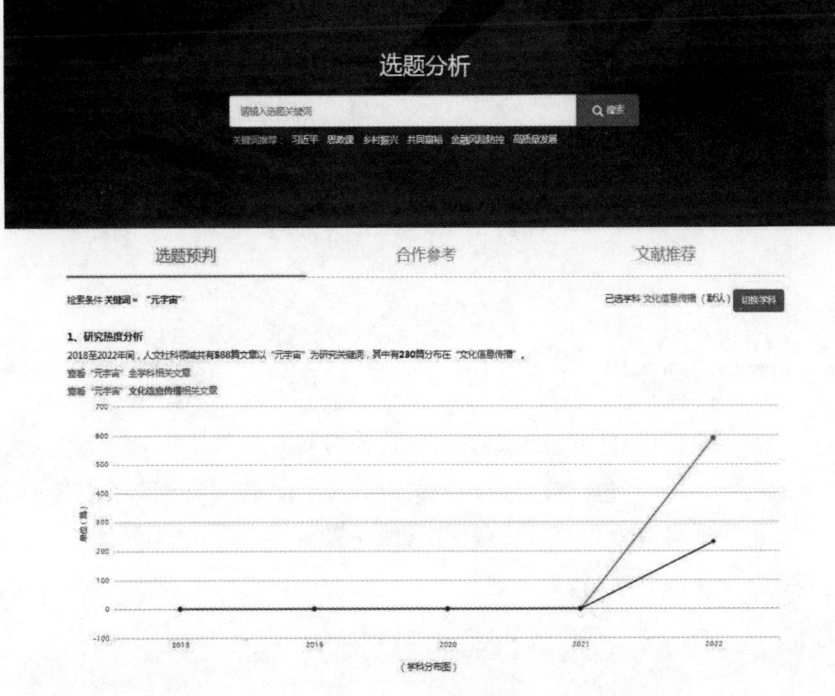

图 4-76 选题预判

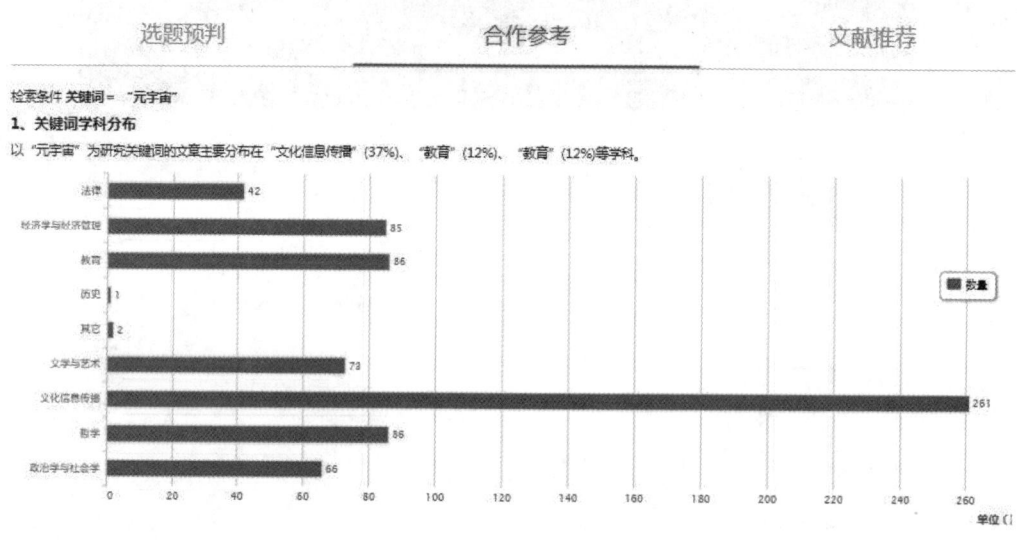

图 4-77　合作参考分析

4. 特色化转载查询

平台为作者用户提供"转载查询"功能,支持作者快速查询本人历年被"人大复印"系列期刊转载的论文,并可打包下载、获取转载证明。点击"转载查询",在搜索框中检索转载来源刊或者机构即可搜索相关被转载情况(图 4-78)。

①点击数据库顶部导航"转载查询",输入要查询的作者名称进行检索(图 4-79)。

第 4 章 图书馆常用数据库使用方法

图 4-78 转载查询界面（一）

图 4-79 转载查询界面（二）

②选择需要申请转载证明的论文，点击该篇论文后的"转载证明"按钮（图 4-80）。

③阅读并勾选同意页面下方的《中国人民大学复印报刊资料服务协议》，填写完整作者单位名称、手机号码、短信验证码等个人信息，点击"下一步"（图 4-81）。

④核对转载信息，确认无误后点击"下一步"，系统在线生成附有中国人民大学书报资料中心公章的电子版转载证明，支持以 PDF 格式下载（图 4-82）。

图 4-80 检索结果界面(三)

图 4-81 转载证明申请界面

第4章 图书馆常用数据库使用方法

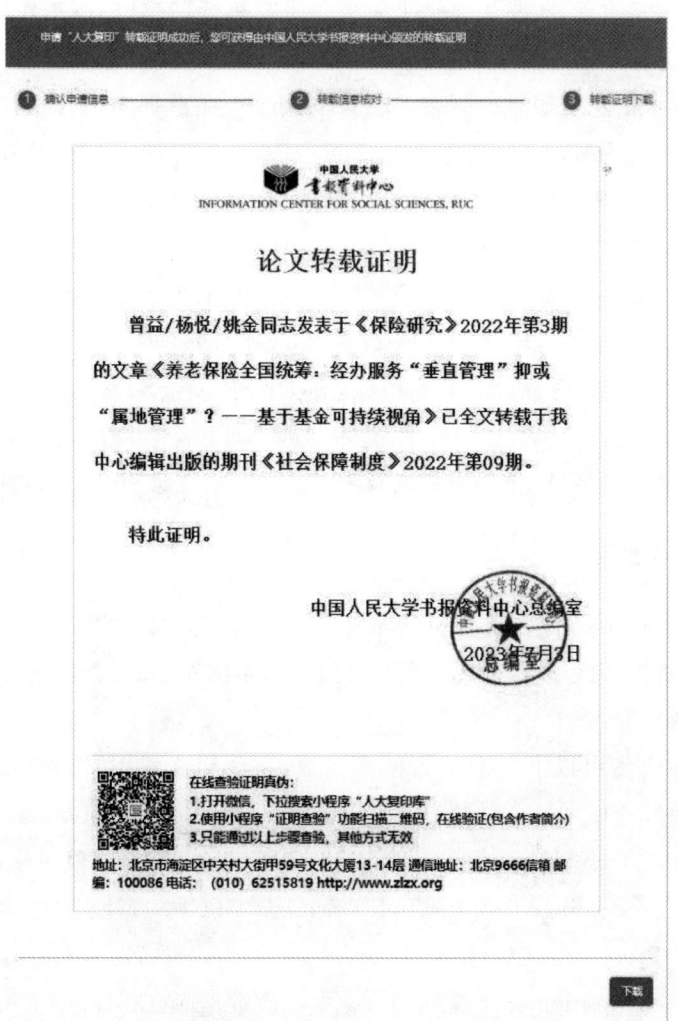

图 4-82 转载证明下载图

4.6 Web of Science

4.6.1 数据库介绍

Web of Science(WOS)是一个著名的科学文献检索系统,它是科学引文索引(SCI)和社会科学引文索引(SSCI)的核心合集的组成部分。它收录的文献都经过了严格的评审和筛选,具有很高的学术价值和可信度。在学术研究和科技创新中,使用 WOS 可以帮助我们了解前沿研究动态、发现合作伙伴和潜在研究机会,它是科研工作者和学术界从事科研活动的必备工具之一。

WOS 是学术信息资源整合平台,支持 20 余个产品数据库,集期刊、技术专利、会议录、化学反应、标准、Internet 资源等数据库于一体,并能在同一个检索引擎上运行,检索流程简单,检索效率高。WOS 主要整合了学术期刊(WOS 核心合集,Current Contents Connect)、发明专利(Derwent Innovations Index)、化学反应(Current Chemical Reactions,Index Chemicus)、学术专著(Book Citation Index)、学术分析与评价工具(Journal Citation Reports,Essential Science Indicators)、学术社区(Science Watch)及其他多个重要的学术信息资源(BIOSIS Previews、INSPEC、FSTA、Medline 等),提供了自然科学、工程技术、生物医学、社会科学、艺术与人文等多个领域中高质量、可信赖的学术信息。下面重点介绍 WOS 核心合集以及一些其他的引文索引和产品数据库。

1. WOS 核心合集

WOS 核心合集收录了 1 万多种世界权威的、高影响力的学术期刊和超过 11 万个国际会议的学术期刊,内容涵盖自然科学、工程技术、生物医学、社会科学、艺术与人文等领域,最早可回溯至 1900 年。

WOS 核心合集由以下八个子数据库组成:科学引文索引扩展版(Science Citation Index Expanded,SCIE);社会科学引文索引(Social Sciences Citation Index,SSCI);艺术与人文引文索引(Arts & Humanities Citation Index,A&HCI);自然科学版会议录引文索引(Conference Proceedings Citation Index-Science,CPCI-S);社科人文版会议录引文索引(Conference Proceedings Citation Index-Social Science & Humanities,CPCI-SSH);图书引文索引(Book Citation Index,BkCI);化学反应数据库(Current Chemical Reactions,CCR);化合物索引(Index Chemicus,IC)。

2. 其他引文索引

其他引文索引包括生物科学引文索引(BIOSIS Citation Index,BCI);中国科学引文数据库(Chinese Science Citation Database,CSCD);数据引文索引(Data Citation Index,DCI)。

3. 其他产品数据库

其他产品数据库包括生物学文摘(Biological Abstracts,BA);生物科学数据库(BIOSIS Previews,BP);期刊题录快讯(Current Contents Connect,CCC);食品科学数据库(Food Science and Technology,FSTA);物理、电子电气、计算机与控制及信息科学文摘(Information Service in Physics, Electro-Technology, Computer and Control,

INSPEC);韩国期刊数据库(KCR-Korean Journal Database,KCI);生物医学数据库(Medical Literature Analysisand Retrieval System Online,MEDLINE);动物学文摘(Zoological Records,ZR)。

4.6.2 数据库访问及使用

Web of Science 数据库网址为 https://www.webofscience.com,首页如图 4-83 所示。

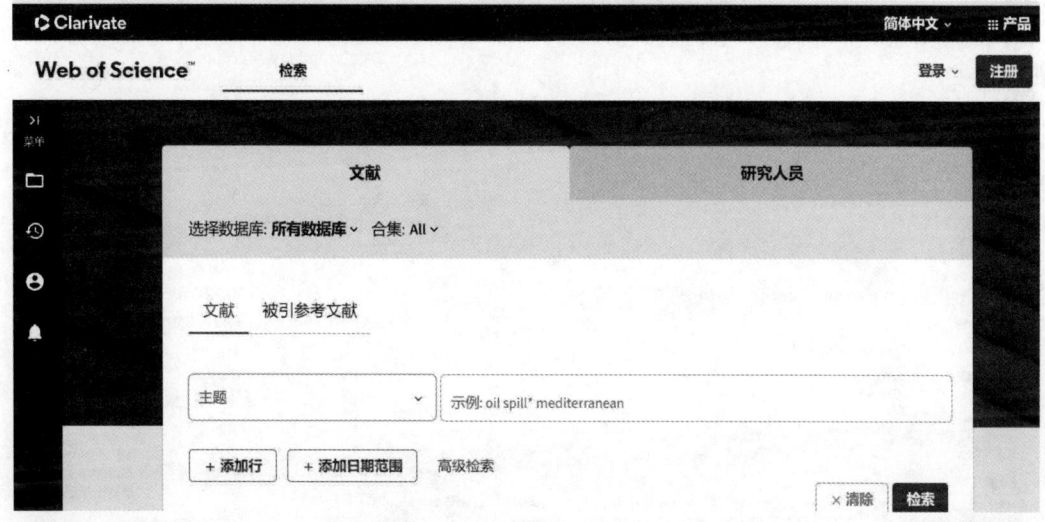

图 4-83 数据库首页(二)

在登录成功后,我们就可以开始进行文献检索了。进入主界面后,可以看到检索框和高级检索选项。

1. 基本检索

使用基本检索,只需要在检索框中输入关键词即可进行检索。在输入关键词时,可以选择"全部字段"或者"标题、摘要、关键词"等检索范围,也可以选择检索时间范围和文献类型。检索结果会显示文献的基本信息,包括作者、题名、来源、发表时间、被引次数等。

例如,检索有关"图书馆服务"和"信息素养"的文章,在检索框中输入关键词"library service AND information literacy",并选择"Topic"作为检索范围,然后点击"搜索"按钮。检索结果如图 4-84 所示。

可以看到,有 1030 篇文献被检索出来,这些文献都与"图书馆服务"和"信息素养"相关。点击文献标题查看详细信息,如图 4-85 所示。

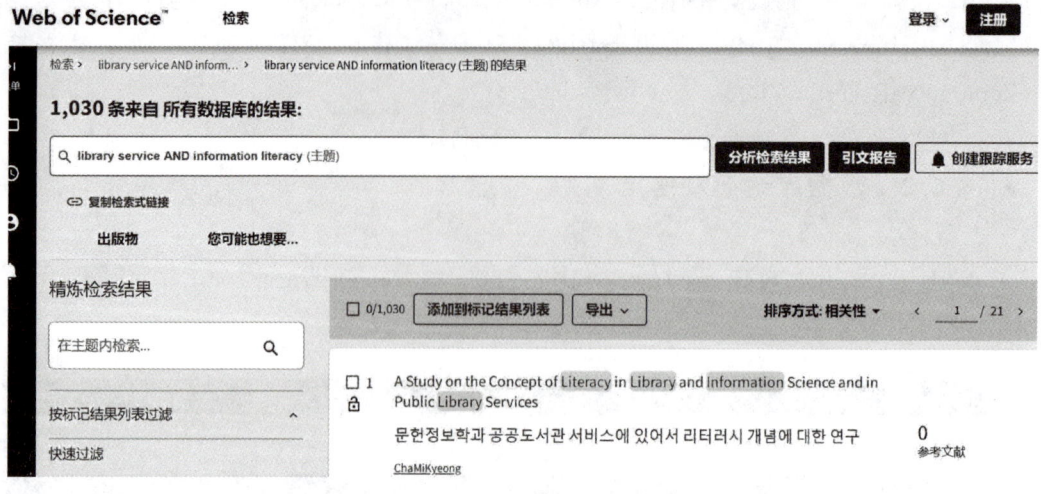

图 4-84　基本检索

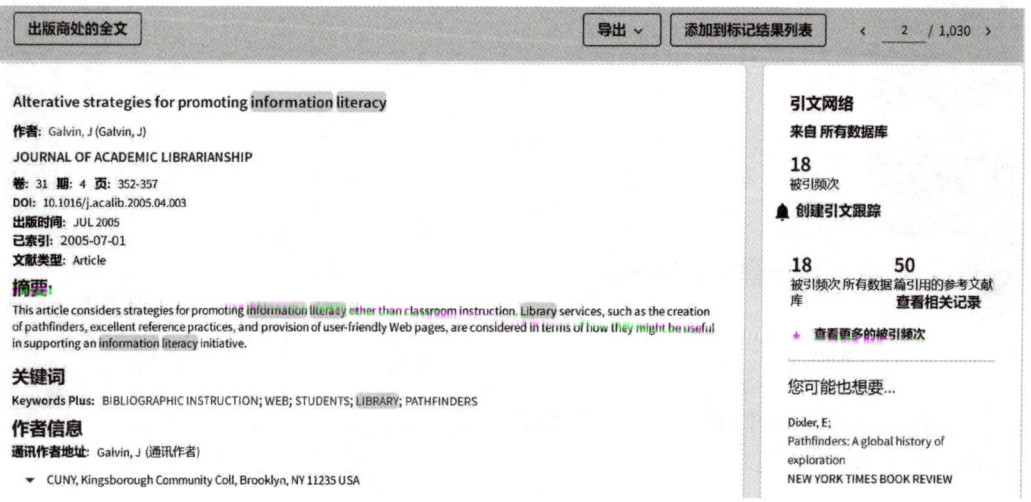

图 4-85　文献详细信息页

在文献详细信息页，可以查看文献的作者、摘要、关键词、引用文献、被引次数等信息，点击"出版商处的全文"查看全文内容。

2. 高级检索

点击检索框下方的"高级检索"按钮。在高级检索界面，可以设置多个检索条件，包括作者、篇名、来源、关键词、文献类型、语言、时间范围等，并且可以通过逻辑运算符（AND、OR、NOT）组合条件，从而更加精确地进行检索（图4-86）。

例如，检索2015年至今发表的以"library service"（图书馆服务）为关键词的英文期刊文章，可以在高级检索界面中设置如下条件：

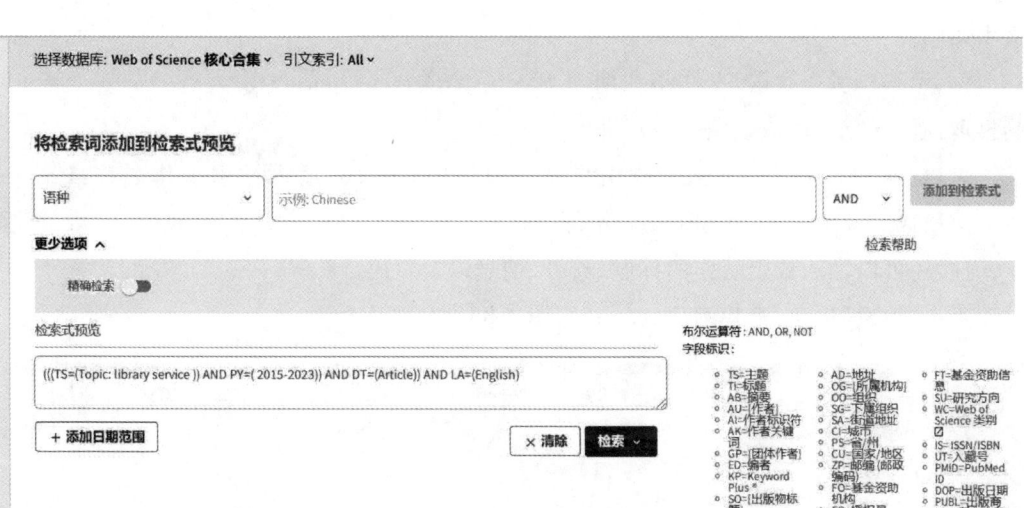

图 4-86 高级检索(二)

Topic：library service；

Language：English；

Document Type：Article；

Timespan：2015—2023。

点击"检索"按钮后，系统会根据设置的条件进行检索，显示符合条件的文献结果（图 4-87）。

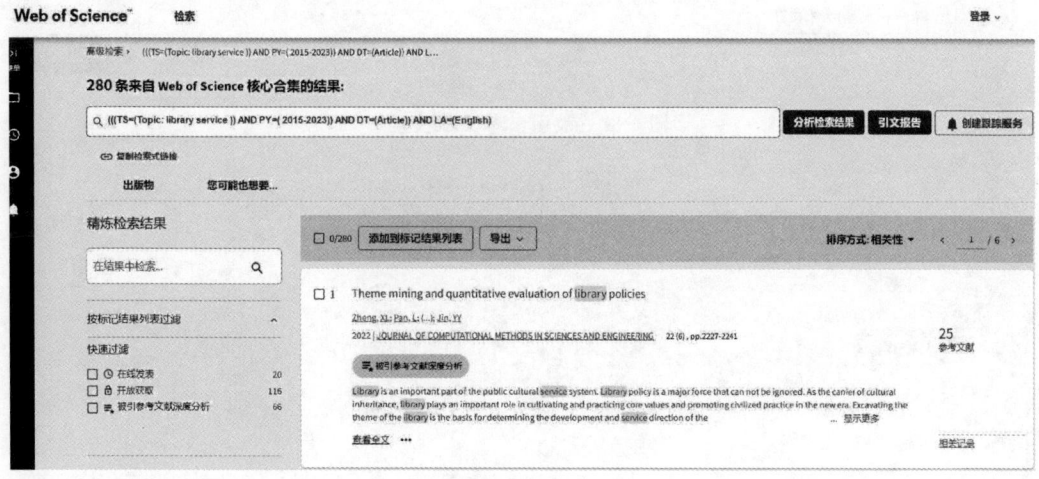

图 4-87 高级检索结果界面(三)

3. 被引参考文献检索

通过被引参考文献检索，可以了解其研究领域的最新进展以及某位作者发表文献的被引用情况。

例:了解作者侯建国 1999 年在期刊 *Physical Review Letters* 发表有关硅表面碳 60 晶格取向的研究之后该领域的最新进展。

可以进行如下操作:①输入被引作者信息:Hou JG;②输入被引著作名称:Phy*Rev*Lett*;③输入被引著作发表年份:1999。

注:还可以输入被引著作的标题、卷号、期号以及页码。

点击"检索"按钮,查找列表(图 4-88、图 4-89)。

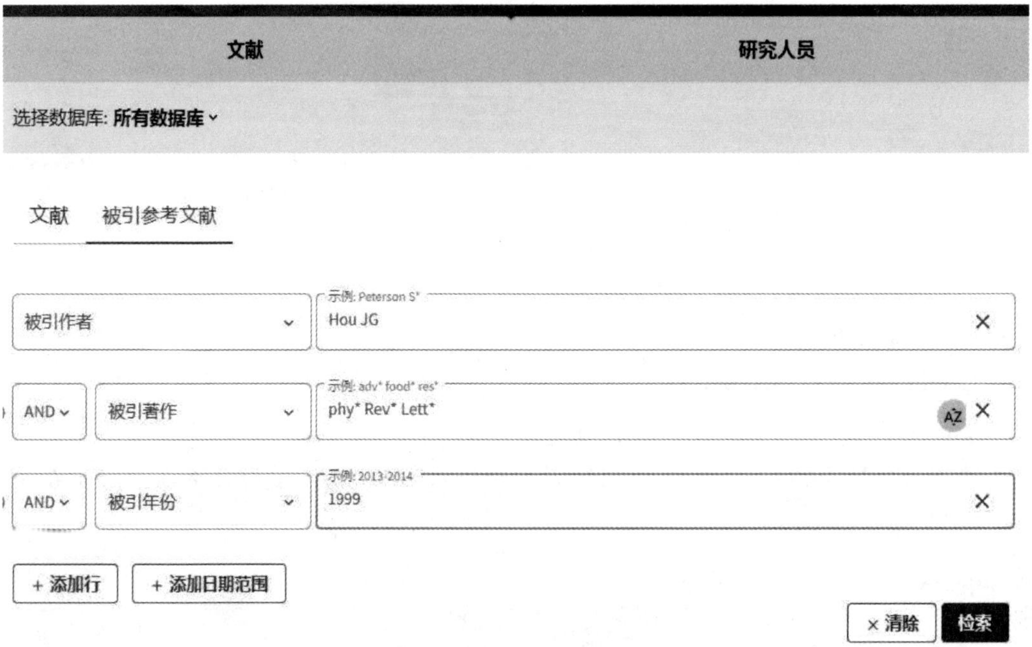

图 4-88 被引参考文献检索

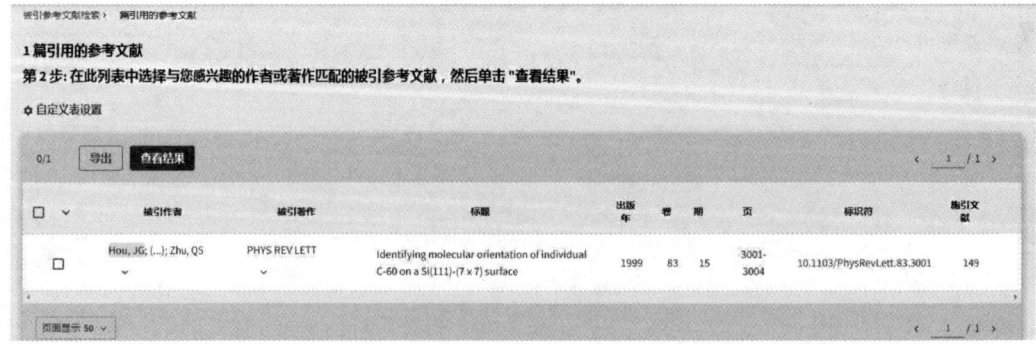

图 4-89 被引参考文献检索结果

第4章 图书馆常用数据库使用方法

4. 文献查看与分析

1）文献查看

在检索结果页面，可点击文献标题或者作者姓名查看文献的详细信息。在文献详细信息页面，可以查看文献的摘要、关键词、作者、来源、发表时间、被引次数等信息，还可以下载文献全文。

另外，Web of Science 还提供了文献导出功能，用户可以将检索结果导出为文献列表，方便后续的文献管理和引用（图 4-90）。

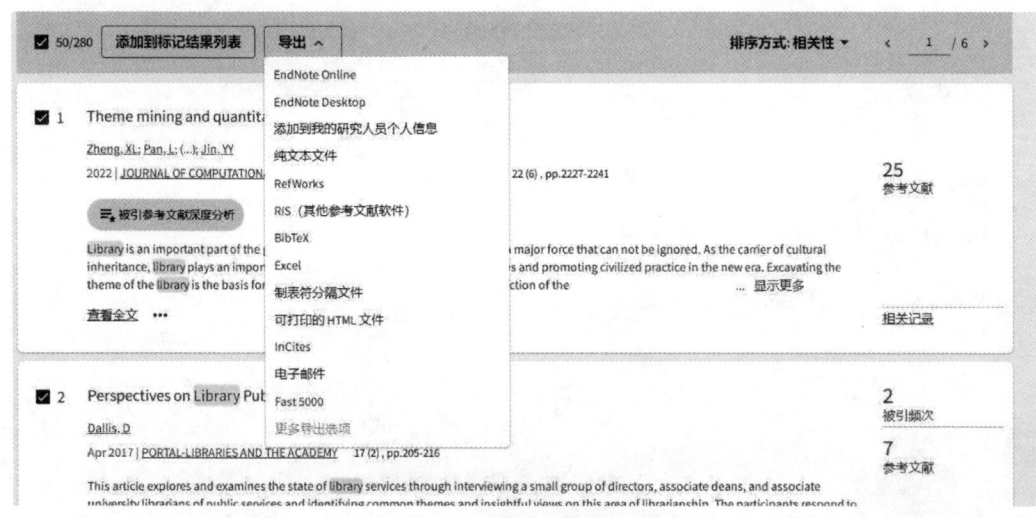

图 4-90　检索结果操作界面

检索结果概要页面如图 4-91 所示，现根据图中编号对各项介绍如下。

❶如果希望将检索结果限定在某个范围内，可以使用"精炼检索结果"功能。

❷通过点击"被引频次"（默认降序）来查看某个领域中被引用次数最多的重要文献。

❸选择感兴趣的记录输出，保存到您的 EndNoteTM 单机版或者 EndNoteTM Online 个人图书馆中。

❹点击"创建引文报告"，您可以看到关于该领域文章的引文报告。

❺通过分析结果获得隐含的研究模式，点击"分析检索结果"按钮即可。

❻如果是属于本人的文章，可点击"在 Publons 中声明作者身份……"，将该文添加至 Publons 个人账号中，以便集中管理自己的文献（免费注册后使用）。

❼通过勾选和精炼，可以快速筛选出该领域的高被引文章与热点文章。

检索结果全记录页面如图 4-92 所示，现结合图中编号对各项介绍如下。

❶通过文章的引用次数，可以了解该研究的最新进展，发现该文章对当今研究的影响。

❷通过参考文献追溯过去，了解该文章的研究依据和课题起源。

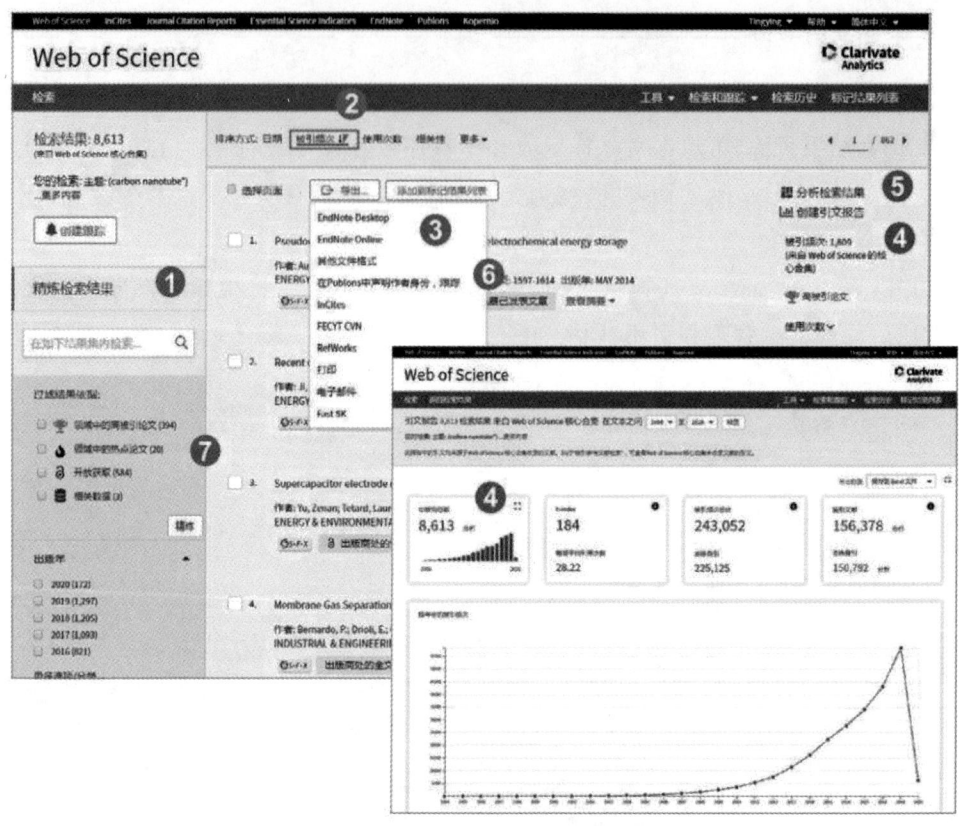

图 4-91　检索结果概要页面

❸相关记录扩展视野,找到更多相关的文献(具有共被引参考文献的文章),将结果越查越深。

❹创建引文跟踪服务,从而了解今后该文章的被引用情况。

❺通过附加的链接选项直接下载全文(需要相关期刊的访问权限),获得该文章在本机构或其他图书馆的收藏情况。

❻通过右下角"查看 PDF"自动找到和下载全文,Kopernio 免费插件可通过菜单栏链接下载。

❼查看期刊影响力。

❽通过多种方式下载该文献记录以及将该记录保存到 EndNote 单机版或者在线版个人图书馆(具体参见参考文献的管理——EndNote Online)。

2)文献分析

通过"Web of Science 类别"进行分析,可以了解某个课题的学科交叉情况或者所涉及的学科范围;按照"来源出版物"进行分析,可以了解该领域的研究论文都发表在哪些期刊上;按照"作者"进行分析,可以了解某个研究领域的主要研究人员;按照"机构扩展"进行分析,可以了解从事同一研究的其他机构还有哪些;按照"出版年"进行分析,可以了

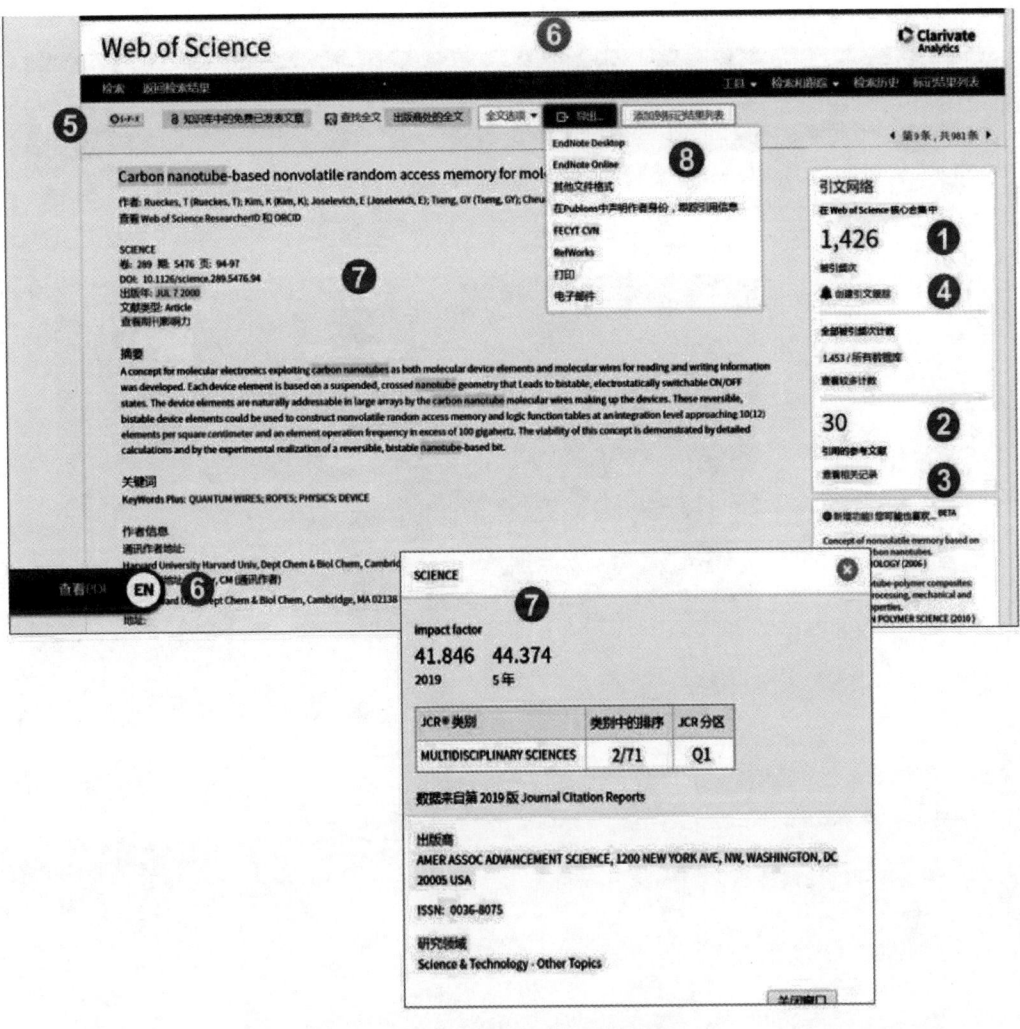

图 4-92　检索结果全记录页面

解某个领域的研究进展情况。

例：了解碳纳米管研究的期刊分布，可以进行以下操作（图 4-93、图 4-94）。

❶选择分析的字段，本例中为"来源出版物"。

❷选择可视化图像及显示结果数。

❸可下载可视化图像。

❹设置结果列表的排序方式及显示选项。

❺勾选标记感兴趣的记录。

❻点击查看所选记录。

❼可选择保存部分或全部分析结果。

图 4-93　文献分析界面（一）

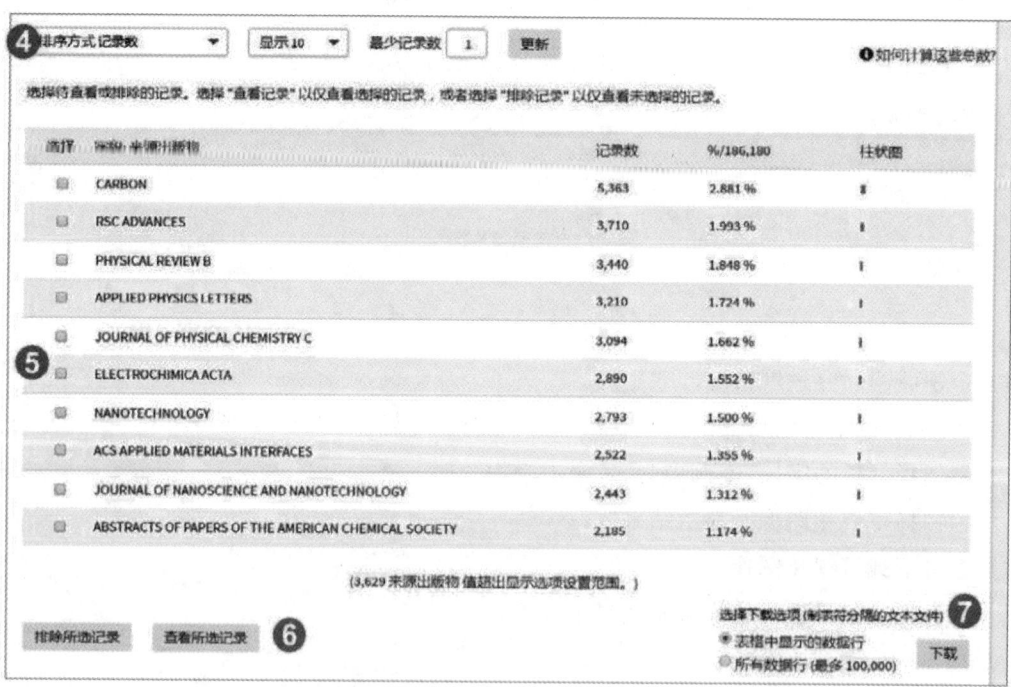

图 4-94　文献分析界面（二）

5. 管理

1) 检索式的管理及定题服务

通过检索历史,创建定题服务,这样就可以通过邮件了解课题的最新进展(图 4-95)。

图 4-95 检索历史操作界面

❶可以选择删除不需要的检索式。

❷对检索式进行组配。

❸点击"保存历史/创建跟踪"就可以将常用的检索式加以保存并创建跟踪服务(图 4-96)。

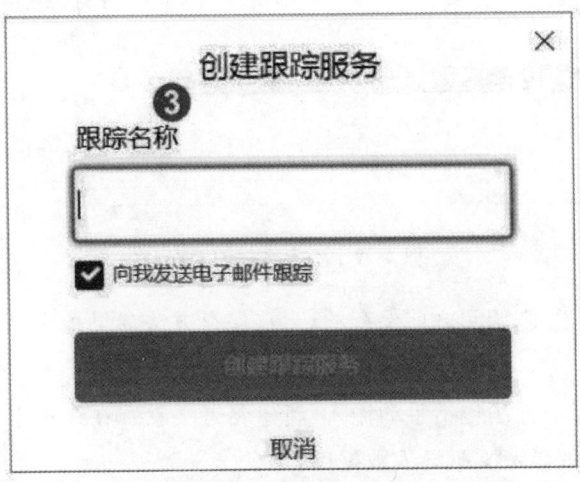

图 4-96 创建跟踪服务

2)参考文献的管理——EndNote Online

EndNote Online 既可以管理文献信息,又可以帮助作者规范论文写作格式以及共享研究文献(图 4-97)。

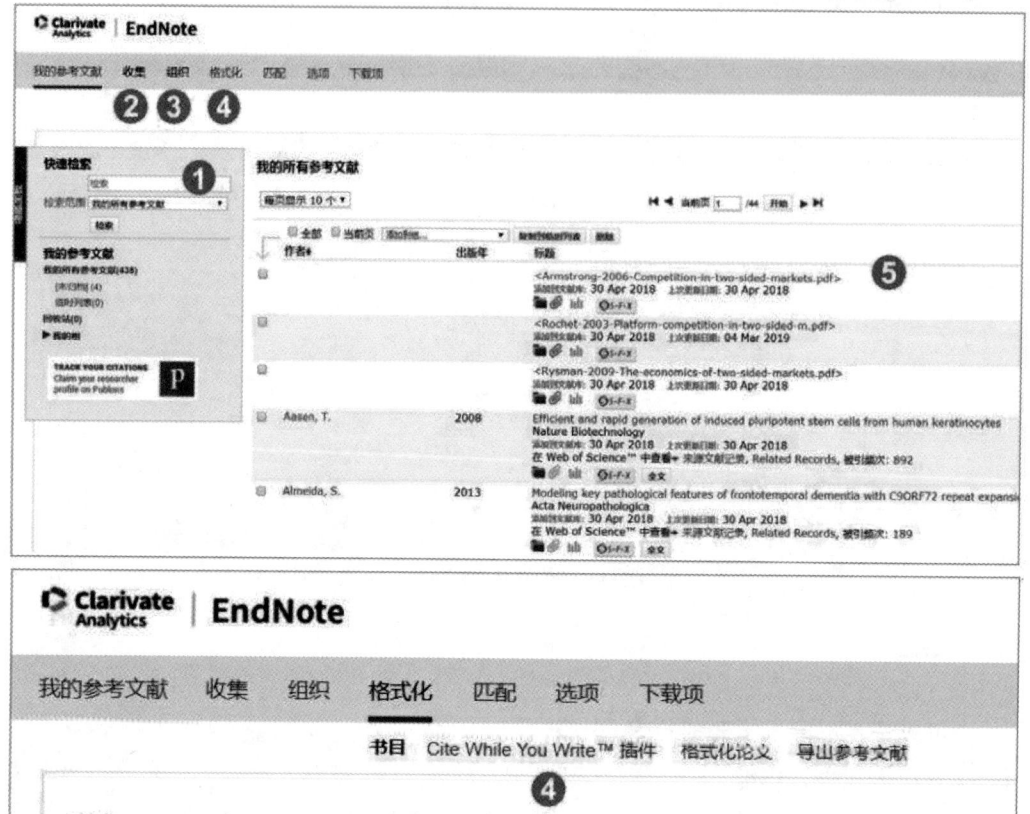

图 4-97　参考文献的管理

❶使用"快速检索"来调阅之前保存的记录(保存方法参见检索结果概要页面和检索结果全记录页面)。

❷收集参考文献的方法包括手动输入(新建参考文献),在线检索互联网上其他数据库,以及将文本格式的参考文献导入数据库。

❸创建不同的文件夹以保存不同课题的文献,或者将自己的文件夹与同事共享。

❹将参考文献生成书目信息,也可以将论文引用的参考文献标准化,或者下载 Cite While you Write 插件在 Word 软件中边写边引用。

❺直接链接到数据库中查看该文献的被引状况、相关记录等详细信息。

3) 写作

参考文献格式如图 4-98 所示。

❶EndNote Online 不仅可以有效管理学术文献,还能按照学术期刊的要求格式化论文,轻松建立论文手稿。

❷按照核心期刊的要求,自动生成书目和符合格式要求的参考文献。

❸在 Word 文档中使用 Cite While You Write 插件插入已保存在 EndNote Online 中的参考文献,提高写作效率。

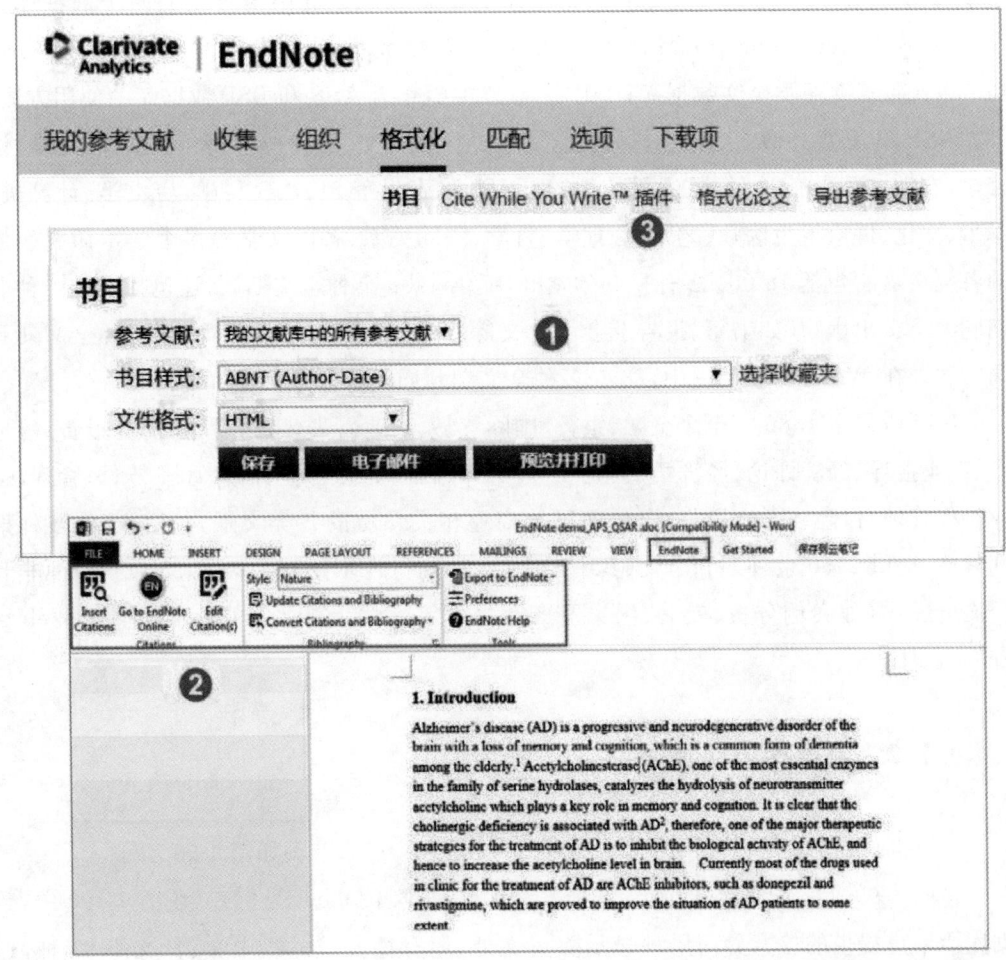

图 4-98　参考文献格式

4.7　EBSCO 数据库

4.7.1　数据库简介

EBSCO 是目前世界上最大的提供学术文献服务的专业公司之一,是一个具有 60 多年历史的大型文献服务专业公司,提供期刊、文献订购及出版等服务,总部在美国,在全球 22 个国家设有办事处。该公司开发了近 400 个在线文献数据库产品,以期刊为主,其中许多是被 SCI(科学引文索引)、SSCI(社会科学引文索引)收录的核心期刊,涉及自然科学、社会科学、生物医学、人文和艺术等多种学科领域。其中最重要的两个数据库是 Academic Search Premier(综合学科参考类全文数据库,ASP)和 Business Source Premier(商管财经类全文数据库,BSP)。本节主要介绍 ASP 和 BSP 数据库的使用方法。

ASP 收录了 1887 年至今包括物理、化学、航空、天文、工程技术、教育、法律、医学、语言学、农学、人文、信息科技、通讯传播、生物科学、公共管理、社会科学、历史学、计算机、军事、文化、健康卫生医疗、艺术、心理学、哲学、国际关系、各国文学等多个学术研究领域的各类文献。包括 18 000 多种期刊的索摘,提供 4700 余种全文期刊,还包括近 400 种非期刊类全文出版物(如书籍、报告及会议论文等)。特别的是 ASP 有 1800 多种全文期刊同时收录在 Web of Science 中,2800 多种全文期刊同时收录在 Scopus 内。

BSP 收录了 1886 年至今金融、银行、国际贸易、商业管理、市场行销、投资报告、房地产、产业报导、经济评论、经济学、企业经营、财务金融、能源管理、信息管理、知识管理、工业工程管理、保险、法律、税收、电信通讯等商业相关领域的各类文献,包括 6700 多种期刊索摘,提供 2150 余种期刊全文(其中 1000 多种同行评审期刊),以及 28 000 多种非刊全文出版物(如案例分析、专著、国家及产业报告等),400 多种全文期刊收录在 Web of Science 内。

4.7.2　数据库访问及使用

EBSCO 数据库网址为 http://search.ebscohost.com,首页如图 4-99 所示。

在图 4-99 所示的平台主页上,选择数据库(以 EBSCOhost 为例)。在图 4-100 中,数据库给用户提供的检索界面语种显示除英文外,还有德文、法文、中文、日文等 31 种,通过"语言"的下拉菜单选择用户熟悉的语言,如选择中文简体,就呈现中文简体的检索界面。

第4章 图书馆常用数据库使用方法

EBSCO

图 4-99　EBSCO 数据库首页

图 4-100　数据库检索界面(二)

EBSCO 中的基本检索功能是关键词检索。EBSCOhost 平台提供两种检索方法：基本检索(basic search)、高级检索(advanced search)。其中基本检索和高级检索又分别提供关键词(keywords)、主题(subject terms)、出版物(publications)、索引(indexes)、参考文献(references)和图像(images)等多种辅助检索功能。不同数据库检索界面基本一致，但提供的检索字段和辅助功能略有差异。

EBSCO 数据库主界面是基本检索界面，默认为关键词检索，可以在检索输入框中输入单一的检索词，也可以输入词组。检索词或词组之间可用检索运算符连接，组成检索表达式(图 4-101)。

高级检索(advanced search)提供更多检索方式和检索选项，适合有各种需求的读者使用，使检索更加快捷、准确(图 4-102)。在检索框中根据需要选择检索字段，输入检索

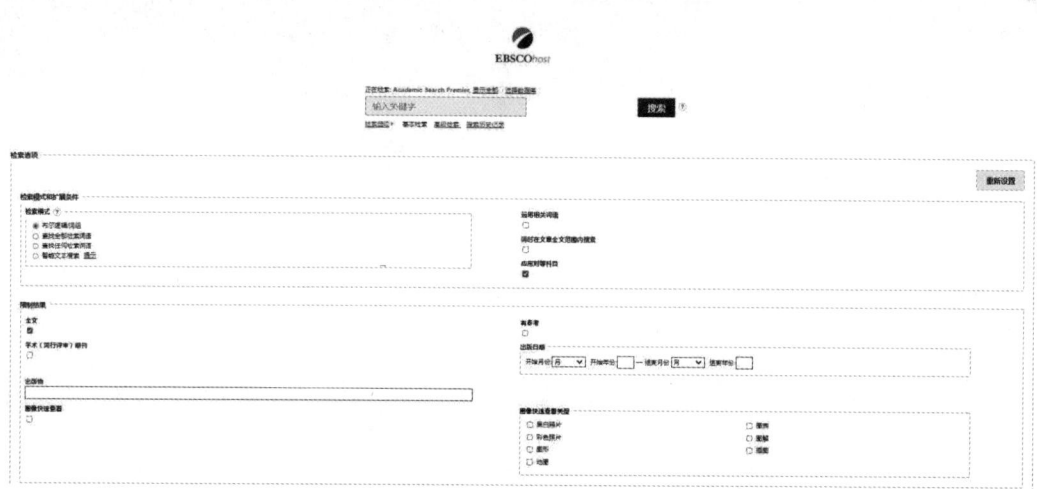

图 4-101 基本检索界面

词,使用下拉菜单选择逻辑运算符,进行逻辑组配。可供检索的检索字段有 TX 所有文本、AU 作者、TI 标题、SU 主题词语、AB 摘要、SO 来源、ISSN 和 ISBN。检索输入框可以增加至 12 个,点击"＋"便可展开。在高级检索界面可以直接设定检索模式,进行条件和结果的限制,如出版物名称、是否全文、出版日期、出版物类型、同行评议期刊和图片等。

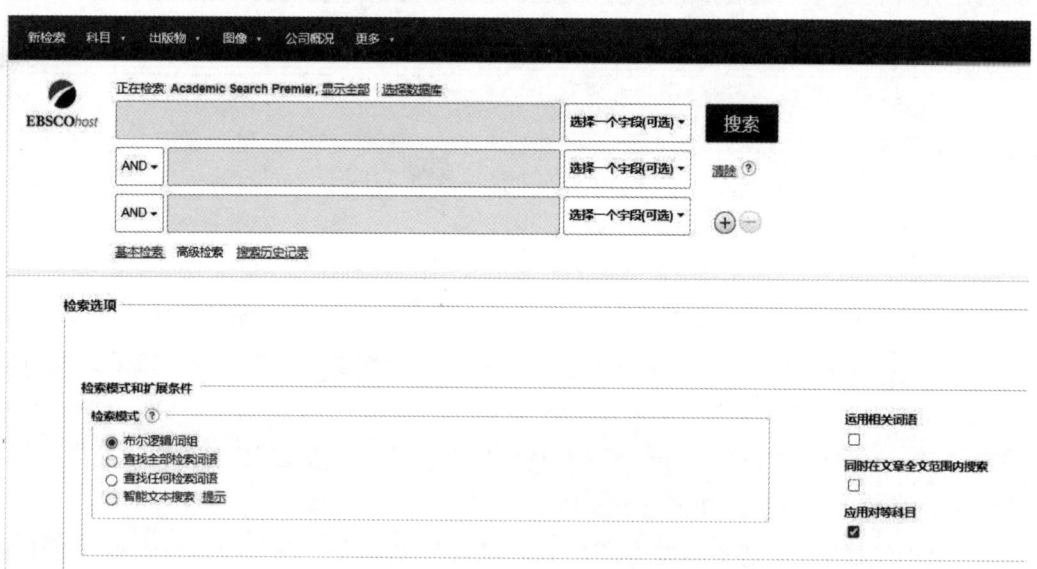

图 4-102 高级检索界面(四)

同样可以利用限制检索和扩展检索,其功能与基本检索相同,所不同的是高级检索有一个检索历史记录表,其中出版物类型指只检索发表在指定类型的出版物上的文章,可多选。封面报导指在期刊封面上着重介绍的文章;附带图像的文章指检索有图片的文章。

另外,与基本检索相比,高级检索增加了"搜索历史记录/快讯"功能(图 4-103),帮助使用者记忆检索过程、方便表达式构建,在高级检索中点击"Search"按钮进行新的检索,都会在历史记录表中产生一条新的检索历史。每一条历史记录有一个编号,可以用这个编号代替检索命令,用于构建检索表达式。用历史记录构建表达式去检索会产生一条新的历史记录。可以打印和保存历史记录表,以便再次检索时使用。

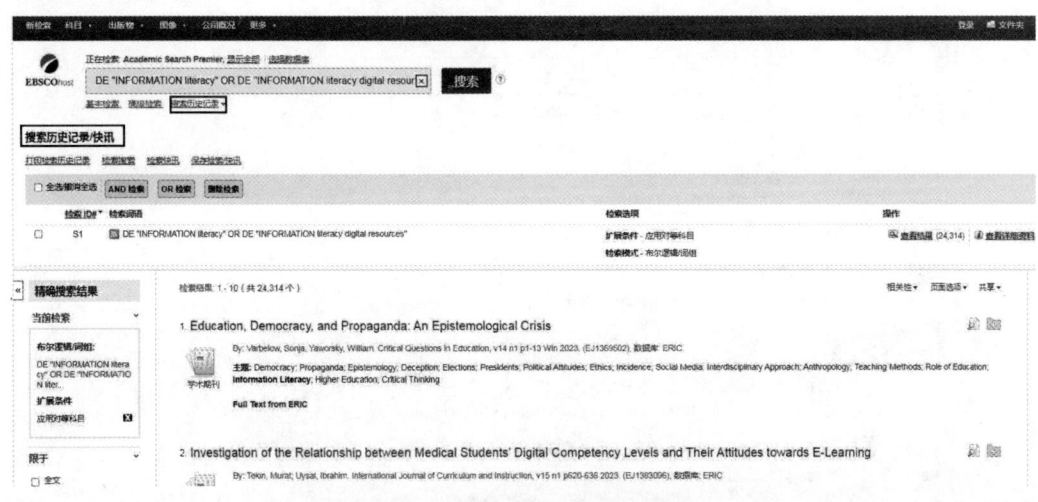

图 4-103 "搜索历史记录/快讯"界面

不论在基本检索或高级检索中,除了最基本的关键词检索功能外,如果只选择一个数据库检索如 ASP,则可使用主题词(subjects)、出版物(publications)、索引(indexes)、参考文献(references)、图片(images)等辅助检索功能,辅助检索功能依据选择的数据库不同而不同。

(1)出版物检索(publications)。点击"出版物"(publications),可浏览或直接键入刊名进行检索,如图 4-104 所示。可以检索数据库中收录的所有刊物,点击某一刊名,能浏览到该刊的刊名、出版商、文摘、全文的收录年限等信息。

(2)公司概况检索(company profiles)。在单独检索商业资源 Business Source 系列数据库时,点击"company profiles"即可打开公司概况数据库的检索界面,如图 4-105 所示,可以浏览或检索公司名称。检索结果提供某一公司的基本情况,具体内容包括公司名称、所属国家、城市和州及收入等信息,点击链接,则显示公司的详细情况。例如,以"Amazon"为关键词检索,可查看与亚马逊公司相关信息,如图 4-106 所示。

(3)主题词检索(subject terms)。"subject terms"在不同数据库的中文界面翻译不同,如在 ASP 中为"主题词语"导航栏,在 BSP 数据库中为"辞典"导航栏(图 4-107、图 4-108)。通过 EBSCO 自建的主题词表进行检索,该主题词表是按主题词的字母顺序

图 4-104　出版物检索界面

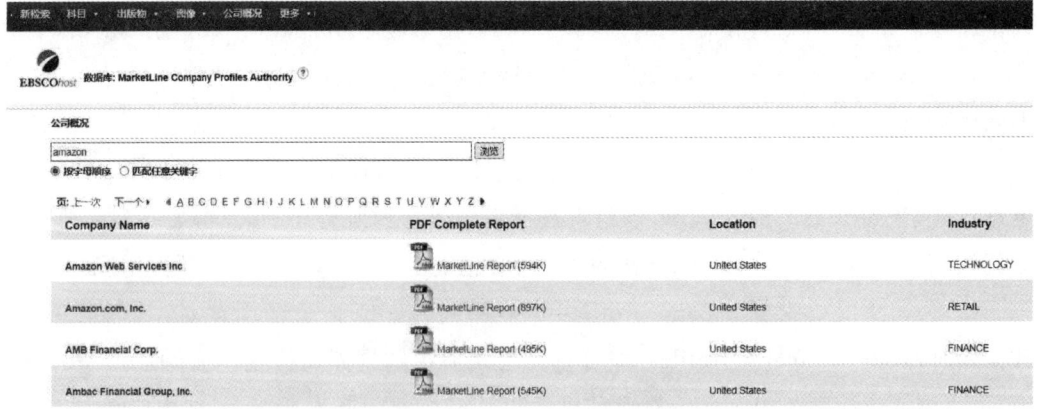

图 4-105　公司概况检索界面

排列的,可翻页浏览,查看需要的主题词也可以在浏览输入框中输入检索词,如图 4-109 所示。

选择结果排序方式:一是按字母顺序排列(alphabetical),二是按相关度排列(relevancy ranked)。输入检索词,点击"浏览",系统自动查询以检索词为首或包含此词,

第 4 章 图书馆常用数据库使用方法

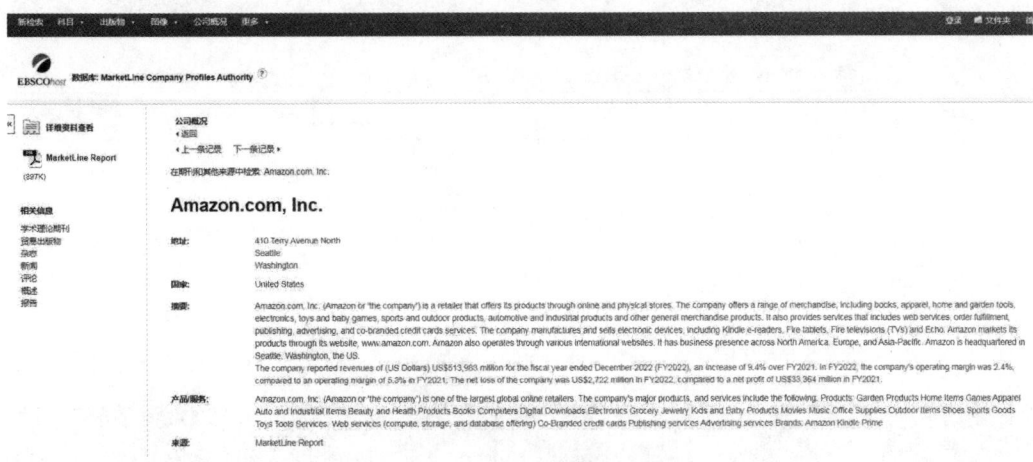

图 4-106 Amazon 公司的检索界面

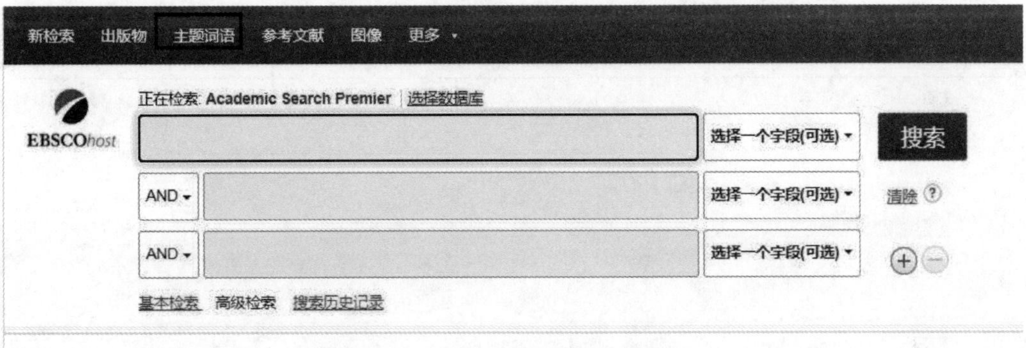

图 4-107 ASP 中的主题词语检索界面

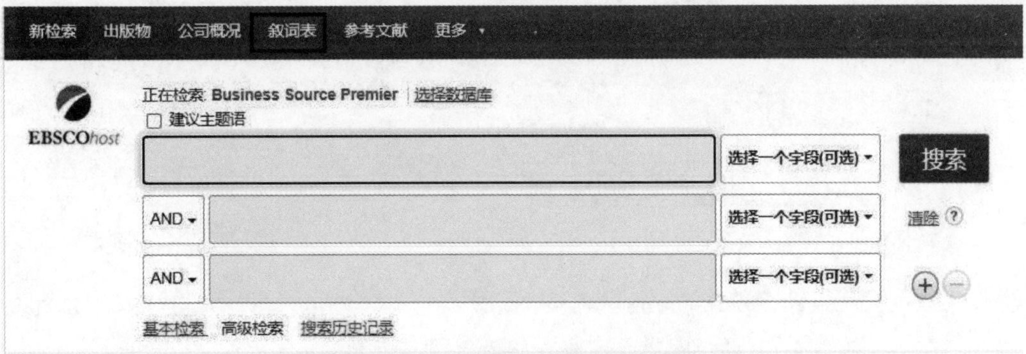

图 4-108 BSP 中的叙词表检索界面

或与此词最相关的主题词,以选择合适的主题词(图 4-110)。单击该词,可以浏览到此主题词的上位词、下位词。点击"添加"按钮,将选择好的主题词进行检索(图 4-111)。

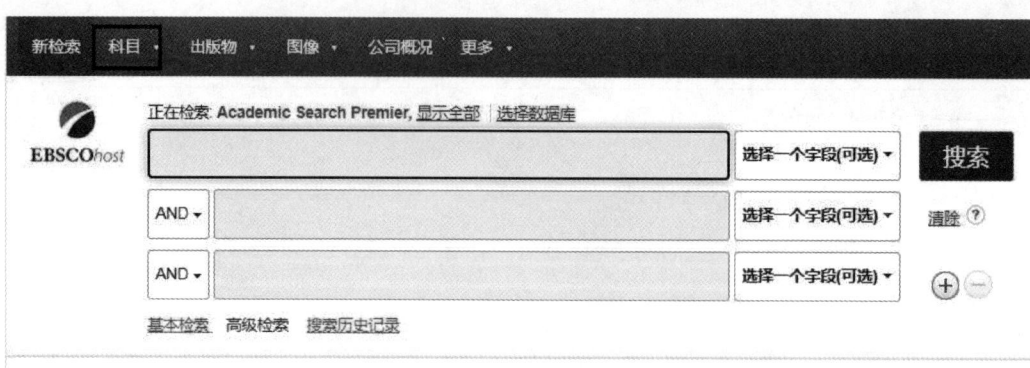

图 4-109　科目检索界面

图 4-110　选择合适的主题词

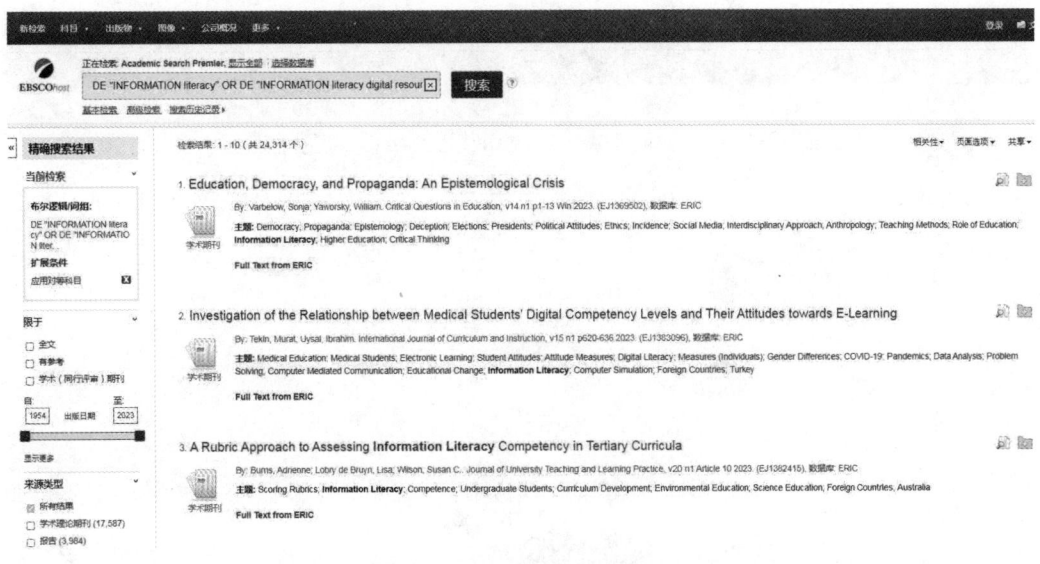

图 4-111　检索选择好的主题词

（4）索引检索（indexes）。如图 4-112 所示，在导航栏中点击"更多"按钮，可以在浏览索引下拉框中选择某一字段，如作者、刊名、ISSN、语种、主题词等，在检索框中输入某一索引词全部或部分，点击"浏览"就可以检索到相关的索引信息，从而列出数据库收录的所有该范围的条目。可以在结果中选中一个或多个条目作进一步检索。在检索结果页面中还可以在左边方框中作标记，点击"添加"，可将索引词添加到上面的关键词检索式中，如图 4-113 所示。

（5）图像检索（image collections）。输入检索词，检索词之间可用逻辑运算符组配。如在 ASP 数据库图像检索中，在检索框中输入图像描述词，选择检索模式以及图像类型，点击检索，即可检索数据库中相关的图像及描述信息。例如，检索关于"sun also rises"的图片，可利用提供的选项检索特定种类的图像，提供的选项有人物图片（photos of people）、自然科学图片（natural science photos）、地点图片（photos of places）、历史图片（historical photos）、地图（maps）或标志（marks），如果不作选择，则在全部图片库中检索，如图 4-114 和图 4-115 所示。

（6）检索结果及处理。点击"检索（search）"按钮，就会出现检索结果清单，清单将显示数据库名称及检索式，并可点页面底端"上一页"或"下一页"进行翻页。每一条记录包括如下信息：文章题名、作者、来源报刊、卷期、页码、主题及数据库。另外，如果有全文，系统会根据全文的类型（PDF Full Text、HTML Full Text）用不同的图标显示，且可翻译成不同的语言。其中 HTML 格式可以在线看全文，并有朗读功能。

例如，以 ASP 和 BSP 为检索来源数据库，以"information literacy"为关键词检索，检索结果如图 4-116 所示。检索结果显示在页面的左方，可分面精简，如限制全文、参考文献及期刊类型、出版日期、来源类型、出版者、主题、出版地、数据库等。

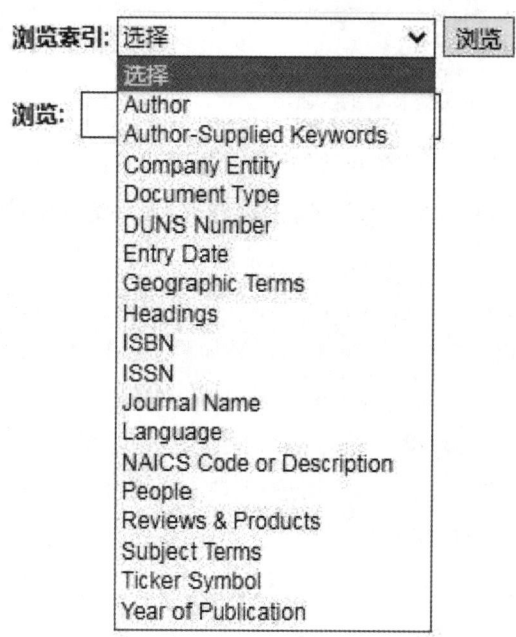

图 4-112　索引检索界面

点击文章详细页面,可使用 PDF 浏览器提供的打印功能打印 PDF 全文。

E-mail:可以选用 E-mail 发送全文、详细的引文和摘要。

在文献检索结果页面,将文献添加到文件夹中,便可以短期内把文献收藏到文件夹中。如果想永久保存文献,以便下次使用,应登录"我的个人文件夹",首先需要创建"我的 EBSCOhost 账号",并且登录后再进行添加(图 4-117)。

引文格式:提供引文格式,如图 4-118 所示。

检索历史可以帮助用户保存检索过程和检索式,并执行复杂检索。点击 EBSCO 数据库检索界面的"搜索历史记录",即可进入检索历史记录界面。每条检索记录都有编

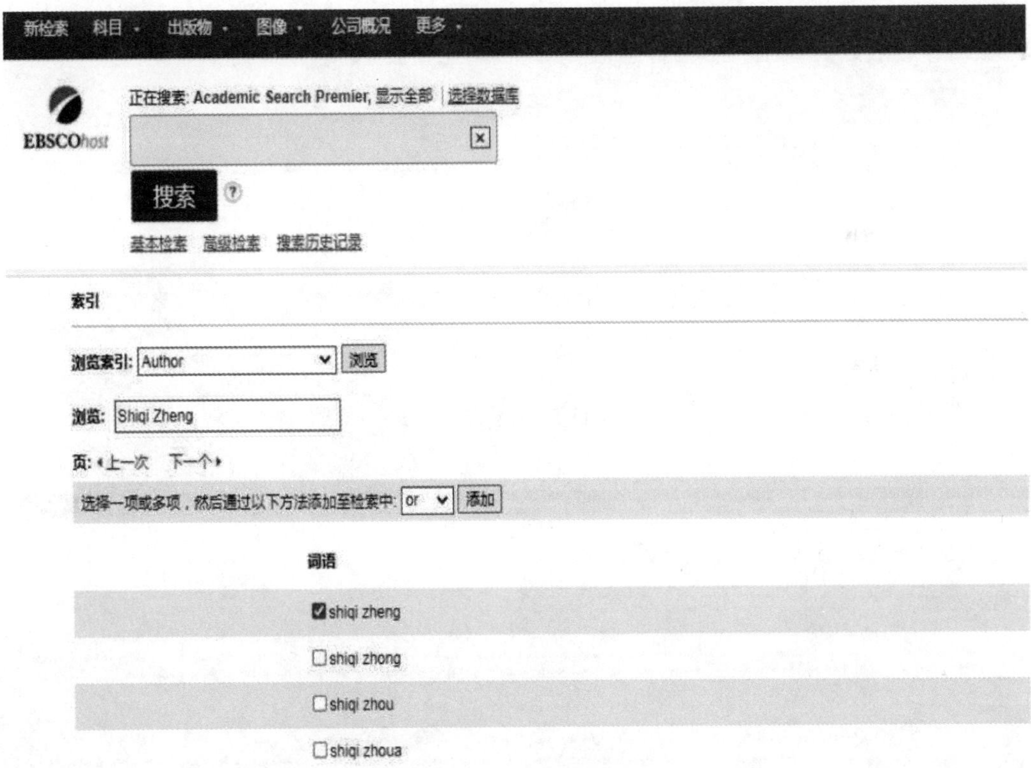

图 4-113 作者索引检索界面

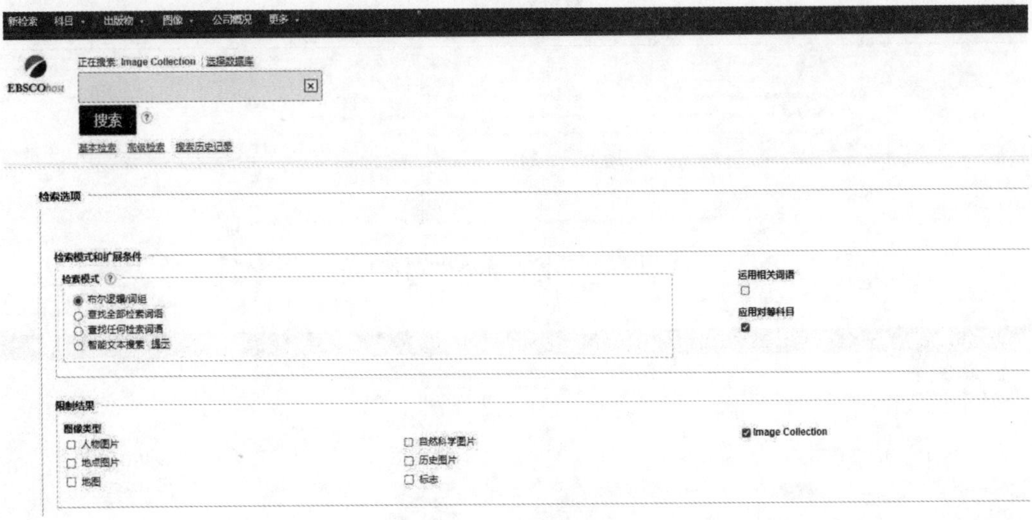

图 4-114 图像检索界面

号,可以用编号代替检索式,通过逻辑运算符 AND、OR 或删除等操作构建新的检索表达式,打印和保存检索历史记录,如图 4-119 所示。

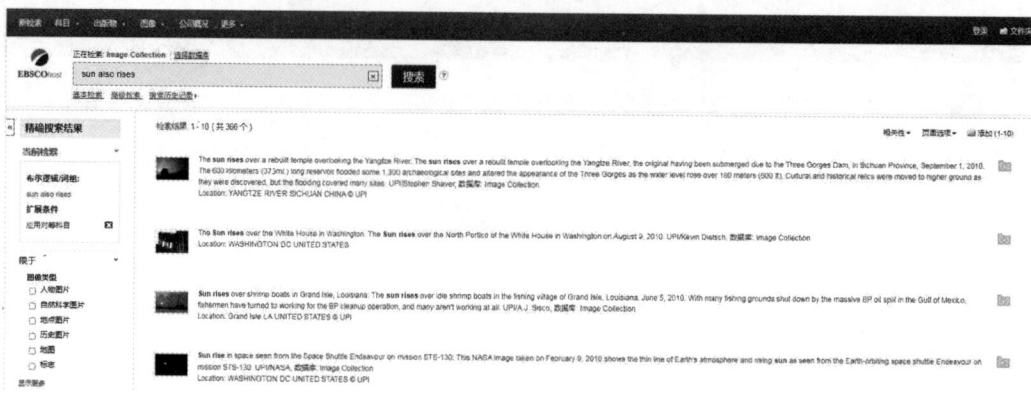

图 4-115 图像检索结果

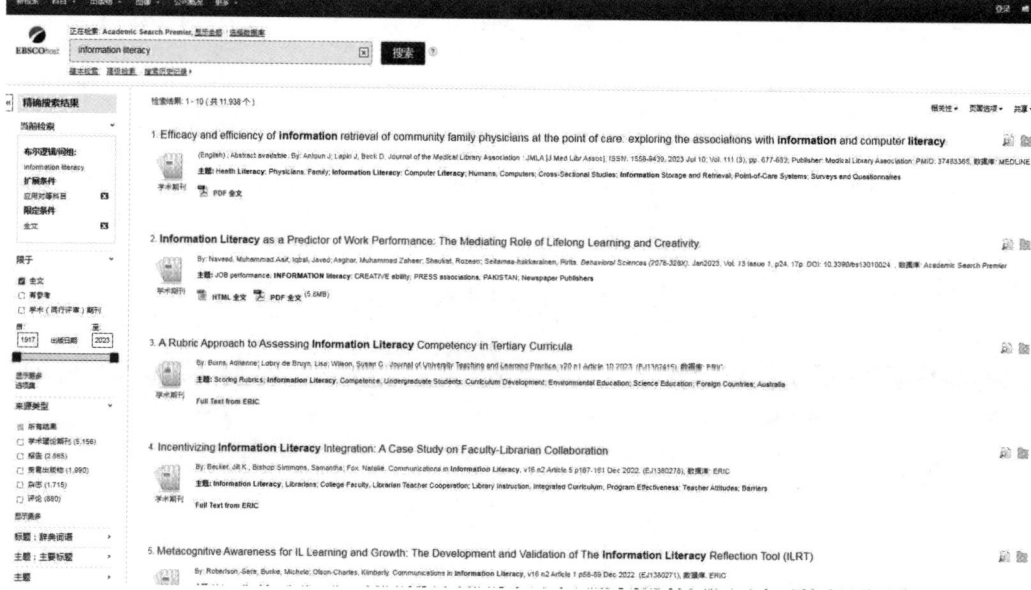

图 4-116 检索结果界面(四)

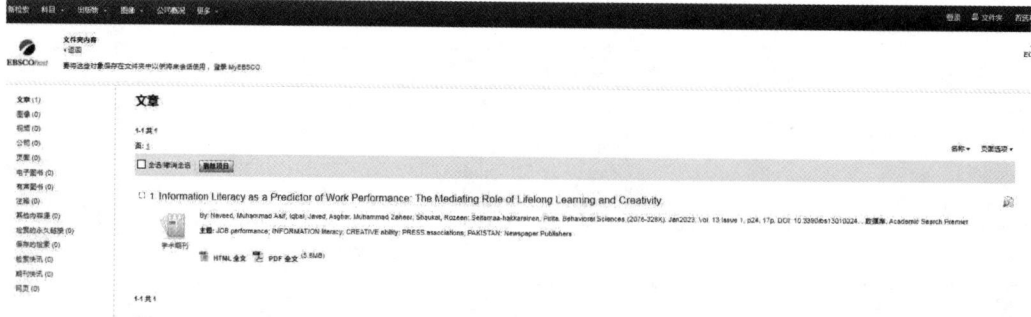

图 4-117 检索结果处理界面

第 4 章　图书馆常用数据库使用方法

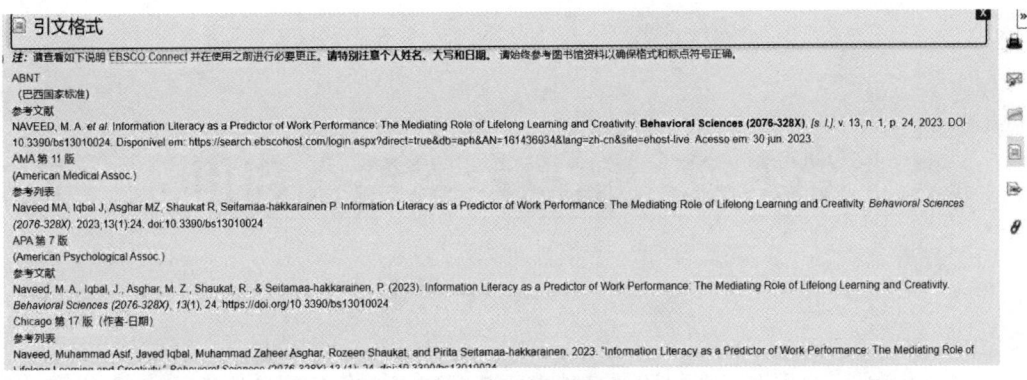

图 4-118　引文格式

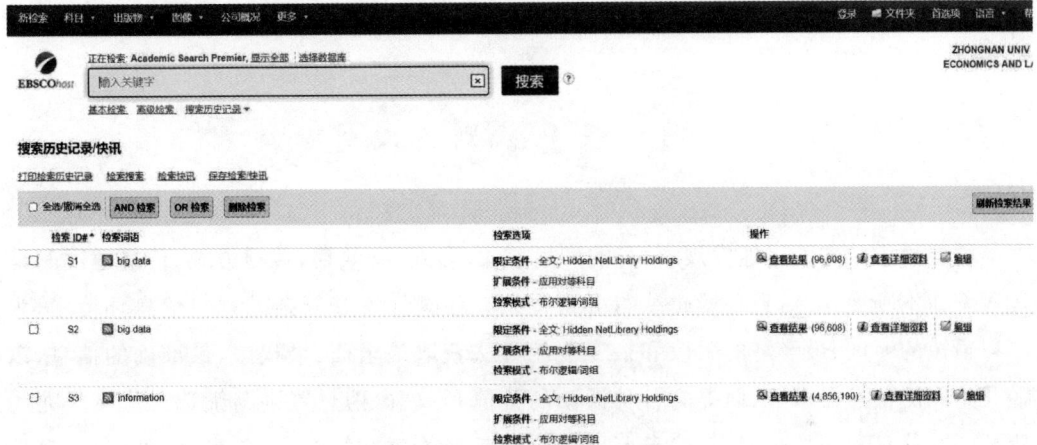

图 4-119　搜索历史记录保存界面

第 5 章　信息检索综合利用

在前几章里,我们全面介绍了信息检索的基础知识和各种信息检索系统(数据库)的使用方法。本章,我们将着重讲述信息利用对学习、研究和科技活动的支持作用及相关知识,即信息检索综合利用及相关问题。

5.1　信息鉴别与筛选

随着科学技术的迅速发展,信息的产生方式、形式、有效期、传播方式、传播速度和范围等都在不断变化,信息环境也变得异常复杂。在这样纷繁复杂的现代信息环境中,为了以最短的时间、最经济的手段和最专业的方法获取最全面、最权威、最准确的信息,以满足不同的信息需求,从而提高各种活动的价值和效益,信息鉴别与筛选工作变得尤为重要。在信息利用的过程中,信息鉴别与筛选起着关键性的作用,并贯穿于整个信息检索与利用的过程中。

5.1.1　信息鉴别与筛选的概念

信息的鉴别与筛选是在信息检索过程中,根据用户的活动需求,对所选择的资源和检索到的相关信息进行比较和分析的过程。它涉及以下几个方面的问题。

信息鉴别:对信息进行质量上的评价和核实。包括真伪鉴别(确认信息的客观存在性)和真实程度鉴别(对同为真实的内容进行质量的优劣、时间先后、生产单位资质等方面的鉴别)。

信息筛选:对经过鉴别的或准备采用的信息进行可用性和必要性的挑选和把关。需要根据用户的活动定位和目标比较各种材料,深入分析信息内容,判断其价值和影响,并去除无用的信息,最终选定最符合用户需求的信息。

信息分析:以用户的特定需求为基础,运用定性和定量研究方法,通过搜集、整理、鉴别、评价、分析和综合等加工过程,形成新的、增值的信息产品,为特定需求提供决策服务的智能活动。

信息资源评价：对信息资源的学术价值和影响力进行评估。评价标准可以涵盖多个维度和内容，主要包括信息资源的科学性（先进性和真实性）、重要性（代表性和不可或缺性）以及影响力（引领作用和被引用程度）等。

5.1.2 信息鉴别与筛选的原则

如前所述，信息鉴别和筛选活动实际上将伴随信息检索与利用活动的全过程。在开展信息鉴别和筛选活动的时候，我们应该把握下列原则。

相关性原则：信息内容应与信息需求实际关联。选取的信息内容在学科专业、主题概念、区域和时间范围上与检索目标相关性更高。

可靠性原则：信息的来源应具备权威性和正式性。权威部门发布的正式信息通常更可靠。通过与同类信息进行比较，可以判断信息的可靠性。

新颖性原则：信息内容应具有新意和独创性。为确保这一点，用户应及时获取与研究课题相关的最新文献信息，并选择其他人未使用过的资料。新颖性可以通过是否提出新理论、新观点，介绍新工艺、新设计、新材料、新产品等来判断。

适用性原则：信息应适用于用户需求。搜集的信息应具有实用性，并适用于当前或将来的情境。考虑信息涉及的理论、技术、工艺、方法、材料、设备等是否与国情相符。同时，根据信息资料的读者面和使用价值进行评估。

5.1.3 信息鉴别与筛选的步骤

信息鉴别与筛选一般包括以下几个步骤。

1. 鉴别信息

将信息归类：根据检索目标制订检索策略，并按学科、主题、出版时间、文件格式等分类整理信息。

阅读文献：采用精读与泛读相结合的方法，关注文摘，选择性地阅读最新的期刊论文和会议论文。

抓住要点：思考并记录文章中的主要数据、事实、论断，自己的想法和感兴趣的问题，以及需要核实的内容等。

提炼信息：进一步整理笔记和文献，提炼出关键论点、已解决的问题、相关观点、未解决的问题等重要信息。

2. 筛选信息

评审信息：对经过整理的信息进行初步浏览，评估其来源的可信度和内容的新颖性、独创性。

核查信息：对有疑问的信息进行进一步核实和查证，补充可能被遗漏的重要信息。

选定信息：从经过鉴别的信息中择优选择，选定具有新颖性、针对性、重要参考价值的信息进行利用。

5.1.4 信息资源评价指标及系统

了解信息资源的评价指标及常用系统，不仅有助于我们在信息鉴别与筛选活动中提高效率，也同样对我们选择检索系统、提高检索结果质量、撰写高质量学术论文具有重要的影响。

1. 影响因子

影响因子（impact factor，IF），即某期刊前两年发表的论文在统计当年的被引用总次数除以该期刊在前两年内发表的论文总数。它是国际上通行的期刊评价指标之一。

1）查询外文期刊的影响因子

期刊引证报告（journal citation reports，JCR）是 Web of Science 数据库中的一个综合性、多学科的期刊分析与评价报告，由美国科学信息研究所编制出版。它以客观的方式统计 Web of Science 收录期刊刊载论文的数量、论文参考文献的数量以及论文的被引用次数等原始数据，然后，应用文献计量学的原理，计算出各种期刊的影响因子、立即影响指数、被引半衰期等定量指标。这些指标反映了期刊的质量和影响力，用于评估某种期刊在学术文献中的地位。JCR 的最新版本涵盖了 81 个国家、236 个学科的 11 459 种期刊。JCR Science Edition 用于查询自然科学类期刊，而 JCR Social Sciences Edition 则用于查询人文社会科学类期刊。这样的分类使用户能够更方便地找到特定领域的期刊并进行评估。

基本学科指标（essential science indicators，ESI）是由美国科学信息研究所推出的一项文献评价分析工具。它建立在 Web of Science（SCI 和 SSCI）数据库的基础上，ESI 收录了全球 11 000 多种学术期刊的 1000 多万条文献记录。ESI 被广泛应用于评价高校、学术机构、国家/地区的国际学术水平和影响力，是重要的评价指标工具之一。

ESI 从多个角度全面评估各国的科研水平、期刊的声誉和影响力，以及科研机构和科学家的学术水平。它直观地反映当前正在深入研究和有突破性进展的科学领域。通过 ESI 数据库，用户可以了解各研究领域中最领先的国家、期刊、科学家、论文和研究机构，识别科学和社会科学领域的重要趋势和方向。此外,用户还能够确定特定研究领域内的研究成果及其影响,评估潜在的雇员、合作者和竞争对手,并对彼此的研究业绩和竞争能力进行评估,具备更深层次的战略竞争情报意义。除了提供具体的数据图表,ESI 还提供简要的数据分析指导,并为所有图表提供解释性的链接页面。

ISI-InCites 是基于 Web of Science 数据库的科研评价工具。它着重从以下三个角度进行科研产出和影响力分析。

机构引文报告:以科研机构为单位,提取该机构研究人员发表的论文和引用信息,并提供高附加值的文献计量学指标,进行深入的分析和科研评估,帮助科研机构及时了解本机构的发展情况。

国家指标数据:以国家和地区为单位,汇总其论文和引文总数,并提供全球 170 多个国家和若干地区(如除日本以外的亚太地区、欧洲共同体、拉丁美洲、中东、北欧、经济合作与发展组织等)在各学科领域的综合科研绩效评估指标。

机构指标数据:以大学或研究机构为单位,汇总其论文和引文总数,并提供各国大学/研究机构在各学科领域的综合研究绩效评估指标。

2) 查询中文期刊的影响因子

《中国科学院文献情报中心期刊分区表》是由中国科学院文献情报中心科学计量中心负责研制和发布的科研成果,用于对科睿唯安(原汤森路透知识产权与科技)公司发布的 JCR 中的 SCI 期刊进行分区。该分区表按学科划分为大类和小类,以学术影响力(即三年平均影响因子)为划分依据,将期刊分为 1 至 4 区。一般来说,较高的分区表示期刊在学术影响力上具有较高的水平。

《中国科技期刊引证报告》(CJCR)由中国科学技术信息研究所每年发布,是中国最权威的期刊质量评价报告之一。报告的数据主要来源于万方数据的期刊数据,覆盖自然科学技术和社会科学领域的全部研究学科。报告分为核心版和扩刊版,根据期刊所属学科、影响因子、总被引频次和期刊字顺进行排序。

中国科技期刊引证指标数据库(CSCD JCR Annual Report)是根据中国科学引文数据库(CSCD)的年度期刊指标统计数据创建的。它基于 CSCD 核心库中的 1100 多种期刊,包括期刊论文题录和中文引文数据。该数据库用于提供期刊的引证指标,如影响因子等。

中国科技论文与引文数据库(CSTPCD)由中国科学技术信息研究所于 1998 年建立,广泛应用于国家科技政策决策、科研成果管理、科技期刊评价和文献计量学的研究。它收录了 2200 多种中国科技期刊作为中国科技论文统计源期刊,并提供文献检索服务、文献被引用检索服务和《中国科技期刊引证报告》三大功能。

《中文社会科学引文索引》(CSSCI)由南京大学中国社会科学研究评价中心编制,提供中文人文和社会科学期刊的影响因子。CSSCI 使用定量和定性评价相结合的方法,从全国2700多种中文人文社会科学学术期刊中精选出学术性强、编辑规范的期刊作为来源期刊。它涵盖了法学、管理学、经济学、历史学、政治学等25个大类的500多种学术期刊。

《中国学术期刊影响因子年报》是中国知网（CNKI）提供的中文期刊影响因子数据。它包括了综合影响因子和复合影响因子两个指标。综合影响因子是指科技类期刊和人文社会科学类期刊的综合统计源文献计算，而复合影响因子则以期刊、学位论文和会议论文为复合统计源文献计算。这些影响因子可以通过CNKI的期刊库检索结果页面获取。

2. h 指数

h 指数是由物理学家Jorge Hirsch设计的一种用于评价研究人员个人科研成就的指标。它衡量了一个科研人员在一定时间内发表的论文被引用的次数。如果一个科研人员的 h 篇论文被引用次数不低于 h 次，那么他的 h 指数就是 h。简单来说，h 指数可以解释为"有 h 篇论文被引用了不少于 h 次"。

计算 h 指数的方法是将科学家一定时段内的论文按被引次数从高到低排列，并给每篇论文赋予一个序号。找到某篇论文的序号 h，使得该序号 h 小于或等于它的被引次数，而其下一篇论文的序号（$h+1$）大于它的被引次数。例如，某学者发表的9篇论文，序号为A～I，序号为7的"论文G"被引次数也是7，而序号为8的"论文H"被引次数为6（小于8），所以该学者的 h 指数是7。

h 指数主要用于评价科研人员的个人成就，但现在也被扩展应用到学科领域、出版物、研究机构和国家等不同评价对象中。在Web of Science数据库中可以直接查询 h 指数，通过作者姓名检索并在检索结果页面右上角点击"创建引文报告"，即可找到 h 指数。

3. F 因子

F因子（Faculty of 1000）是一个新推出的文献评价指标，用于生物学和医学领域。由一些知名的生物学和医学研究学者与临床医师组成评委会成员，对阅读的医学论文进行评述、评分和汇总，根据评分计算出F1000因子，并对论文进行排名，同时评选出最有价值和重要的学术论文，给予其F1000论文称号。F1000论文分为推荐（recommended）、必读（must read）和优秀（exceptional）三个等级。

要查询F因子，可以访问Faculty of 1000同行评价数据库（访问地址为http://f1000.com）。该数据库收录的论文刊登在生物科学和医学领域的期刊中，并经过1000名生物学和2500名医学领域专家的推荐和审核。每篇文章都有学者专家给出的评语和推荐等级。

4. 核心期刊

任何学科中，文献总量都会呈现特定的分布规律，并形成核心、重要和一般三个部分。例如,布拉德福在1931年的研究中发现,某一学科1/3的论文刊登在非常有限的期刊中,占总期刊数的比例非常小。类似地,联合国教科文组织在1967年的研究中发现,75%的文献出现在少数10%的期刊中。加菲尔德在1971年的研究中进一步指出,24%的引文集中在极少数的期刊上。

这些研究结果表明了期刊的集中性特征,即存在一些核心期刊,这些期刊发表的论文数量较多、被引用的次数较高,对学术研究具有重要影响力。相对而言,其他期刊发表的论文数量较少、被引用的次数较少。

5. 中国科学文献服务系统

中国科学文献服务系统是中国科学院知识创新工程的一部分,旨在为用户提供文献检索、引文链接、全文获取和信息咨询等综合性的信息服务平台。它集成了多个数据库,其中包括中国科学引文数据库、中国科学文献计量指标数据库和中国科技期刊引证指标数据库。

CSCD是中国科学院于1989年创建的,分为核心库和扩展库。它收录了中国各领域的中英文科技核心期刊和优秀期刊,涵盖了数学、物理、化学、天文学、地学、生物学、农林科学、医药卫生、工程技术、环境科学和管理科学等领域。除了一般的检索功能外,CSCD还提供引文索引,可以查询某篇科技文献被引用的详细情况,同时也可以通过早期重要文献或著者姓名来检索相关文献,对交叉学科和新学科的研究具有重要的参考价值。

中国科学文献计量指标数据库(CSCD ESI Annual Report)是基于CSCD和SCI年度数据统计的数据库。它对中国科技论文进行详细统计,展现我国科学研究的产出力和影响力分布情况,为科研管理部门和科研人员提供了了解我国科技发展动态的辅助工具。

中国科技期刊引证指标数据库是根据CSCD年度期刊指标统计数据创建的。它基于CSCD核心库的数据,对刊名等信息进行规范处理,统计指标包括期刊论文发文量、基金论文量、发文机构数、篇均参考文献数、自引率、引用半衰期、影响因子、即年指数、总被引频次、自被引率、被引半衰期等。该数据库从不同角度揭示期刊的影响力,尤其是从学科论文引用角度定位期刊的影响力。如前所述,拥有用户权限才能使用中国科学文献服务系统,非数据库订购单位的用户是不能在网上免费使用它们的。

5.2 科技查新及应用

科技查新是借助完善的检索系统及有效的检索活动,通过对信息的检索、分析、筛选、利用,对已有成果予以鉴定和评价,对未来相关活动做出是否有必要开展的实事陈述,旨在提供相对权威的意见和佐证的科研辅助工作,也是一项具有中国特色的信息查证活动。

5.2.1 科技查新的概念

科技查新是一种基于文献检索和对比分析的信息利用活动,旨在对科技开发项目、学术研究课题的申请以及已完成的科研项目、课题进行新颖性和先进性的分析、判断和鉴定。它是通过运用综合分析和对比的方法,利用手工检索和计算机检索等途径,为科研立项、成果等提供公众性信息咨询服务的工作。

根据不同的定义,科技查新可以被描述为以下几个关键要素。

(1)信息利用活动:科技查新是一种信息利用活动,它通过获取、筛选、分析和评估科技信息,为决策和评估提供依据。

(2)文献检索和对比分析:科技查新依赖于文献检索的方法和技术,通过查找相关文献,并将其与研究项目进行对比分析,以评估其新颖性和先进性。

(3)新颖性和先进性的分析、判断及鉴定:科技查新的目标是对科研项目、学术研究课题进行分析、判断和鉴定,以确定其是否具有新颖性和先进性。

(4)提供信息咨询服务:科技查新结果以查新报告等形式向委托单位或个人提供信息咨询服务,帮助其做出科技决策和评估。

总体而言,科技查新是一项通过文献检索和对比分析,评估科研项目和课题的新颖性和先进性,并向委托单位提供信息咨询服务的活动。它在科技决策、研究评估和知识创新方面具有重要的作用。

5.2.2 科技查新的特点

1. 综合性

科技查新综合了文献检索、对比分析、综合评价等多种方法和技术,以获取全面、准确的信息,并对科研项目或课题的新颖性和先进性进行评估。它需要从多种角度考虑多个因素,提供全面的科技信息支持。

2. 客观性

科技查新依靠文献检索和对比分析,基于科学的方法和技术进行分析和评估。结果通常是客观、可量化的,并提供有依据的结论,不受主观偏见的影响。

3. 信息化

科技查新借助计算机和信息技术工具，通过网络、数据库等途径获取和处理大量科技信息，提高了查新效率和准确性。它利用现代信息技术手段，实现了信息的高效利用和管理。

4. 实用性

科技查新的目的是为科研立项、决策和评估提供有用的信息，帮助委托单位或个人做出科技决策。查新结果应具有一定的实用性和操作性，能够为科研活动和项目管理提供指导和参考。

5. 专业性

科技查新通常由专门的机构或具备查新咨询资质的人员执行。查新人员需要具备相关领域的专业知识和信息分析能力，以便准确理解、筛选和评估科技信息，并提供专业的咨询服务。

6. 规范性

为了确保科技查新的质量和可靠性，一般会有相应的规范和标准进行指导与管理。这些规范包括查新范围、程序、方法等方面的规定，以确保科技查新的一致性和可比性。

总体而言，科技查新是一项综合、客观、信息化、实用、专业和规范的活动，旨在提供科技决策和评估所需的全面、准确的科技信息。它对于科技创新、项目管理和决策制订都具有重要的意义。

5.2.3 科技查新的功能

1. 支持科研立项

通过科技查新，可以确认科研课题在论点、研究目标、技术路线、技术内容等方面的新颖性，为科研项目的立项提供客观的文献信息依据。这有助于避免科研项目的重复和资源的浪费，并优化科研项目的设计，缩短科研周期，提高科研成果的产出效率。

2. 支持研究成果鉴定

科技查新是申报科研成果奖励的必备条件，也是成果鉴定、评估、验收、转化、奖励的重要基础。通过查新,可以为科技成果的评判提供可靠的文献依据,避免仅凭专家个人知识和经验进行评判的不公正情况,保证鉴定和评估的权威性和科学性,促进科技成果的推广应用。

3. 支持专利申报

科技查新对专利申请具有重要意义。国家知识产权局对专利申请的新颖性、先进性和实用性有严格要求。科技查新可以为专利申请提供必要的文献查证,确认专利的新颖性和先进性,并与国家知识产权局的要求相匹配。不同于科技成果查新,专利查新需考虑专利在国内外的新颖性,检索时间限制也有所不同,同时还需要对不同类型的专利进行不同的查新侧重。

科技查新通过支持科研立项、研究成果鉴定和专利申报等功能,为科研活动提供了可靠的信息支持和决策依据,促进了科技创新和成果转化的发展。

5.2.4 科技查新规范及机构

1. 科技查新的一般规范

1) 对查新机构的规范

查新机构的规范可以根据《科技查新机构管理办法》进行考虑,以下是一些规范要求的示例。

资质认证:查新机构需要经过国家有关部门的考核和授权,获得从事查新工作的资质。

资料存储:查新机构应该储备 10 年以上的国内外权威性情报检索刊物、核心期刊、专利文献,以及必要的内部资料。

检索工具与数据库:查新机构应该备有相关专业光盘、磁盘数据库,并具备利用国际联机或信息网络进行文献检索的能力。

人员要求:查新工作人员应具有大专以上学历,熟悉情报检索业务,并具备较强的分析、判断和综合能力。

2) 对查新年限的规范

对查新年限的规范可以根据具体情况进行调整,以下是一些常见的年限要求。

科研立项查新:一般不少于 5 年,通常为 10 年。

科技成果鉴定查新:至少为 10 年。

大型重点课题:应追溯到 20~30 年。

3) 对查新质量的规范

文献检索质量:查新工作应注重文献检索的质量,包括查全率和查准率。找准查新要点、选准主题词(检索词)以及合理选择文献检索工具书与数据库都是保证文献检索质量的关键步骤。

查新结论质量:查新结论是查新工作的核心,其质量体现在对课题内容与所检内容的对比分析,回答课题的新颖性和实际水平,以及结论的客观性、全面性和准确性等方面。

通过规范查新机构的运作、设定合理的查新年限,并要求高质量的文献检索和结论分析,可以确保查新工作的有效性、准确性和科学性,从而提供可靠的情报依据和支持。

2. 科技查新机构

我国的科技查新活动始于20世纪80年代中期,并在1990年正式认定了查新机构。在此期间,一些一级查新机构和二级查新机构得到了授权和认可,涵盖了不同领域的科技信息机构和情报所,包括中国化工信息中心、中国农业科学院科技文献信息中心、中国国防科技信息中心、上海科学技术情报研究所、亚太建设科技信息研究院、福建省科学技术研究所等。此外,教育部还在1992年之后开始对高校的科技查新工作进行资格认证,并在一些高校设立了教育部科技查新工作站,例如北京大学、清华大学、复旦大学、中国石油大学(北京)等。

这些认证和授权的机构和工作站在推动科技查新工作的规范化和专业化方面发挥着重要作用。通过建立这些机构和工作站,可以提供科技查新所需的资料存储、文献检索工具和专业人员,以提高查新的质量和效率。这也有助于避免科研项目的重复、提高科技成果的评估和鉴定准确性,并为专利申请和科研立项提供有力的支持。

我国的查新机构可以大致划分为综合性查新机构、专业性查新机构、教育部部级查新机构三大系统。

综合性查新机构:这包括全国范围、各地区、各省区以及一些地市级的图书情报机构。

专业性查新机构:由各部委(除教育部外)审批的专业性情报机构。它们在特定的领域或行业内进行查新工作,专注于该领域的情报收集、整理和分析工作。

教育部部级查新机构:包括教育部审批的高校图书馆以及专业部(委)审批的各部属高校图书馆。这些机构在教育部的监管下进行查新工作,为高校教师和研究人员提供科技查新服务。

这三大系统的查新机构在不同层级和领域中发挥着重要的作用,为科技创新和发展提供情报支持和决策依据。

5.3 学术论文撰写

论文的创作体现了个人的研究水平、文字功底以及信息素养等多方面的能力。在论文的创作与发表过程中,需要遵循一定的规范,本节将着重对学术论文撰写规范进行介绍。

学术论文的主要目的在于交流思想、展示成果、澄清问题和进行学术争鸣。对于在校大学生来说,撰写学术论文也是评定学业水平和能力、获得学位的重要途径。一篇优秀的学术论文需要注意选题、立意、取材等方面的重要性。许多高校专门开设与学术论文撰写相关的课程来帮助学生掌握这方面的知识。

1. 学术论文的结构和组成部分

学术论文的结构和组成部分因内容的不同而有所变化。根据国家标准《科学技术报告、学位论文和学术论文的编写格式》(GB7713—87),学术论文一般包括前置部分、主体部分,必要时还可以包括附录部分。

1)前置部分

前置部分主要包括论文的标题(题名)、作者、作者单位及联系方式、文摘及关键词。

标题(题名):论文的题目,也称为篇名。标题应该准确、简明地反映论文的重要内容,可以包括正标题、副标题和小标题。选择标题时,应考虑它有助于选择关键词和编制题录、索引、文摘等时的检索效果。标题通常不宜超过 20 个字,避免使用缩略语、代号和公式等,以确保读者能够准确理解并充分利用文章。

作者:指论文的创作者,可以是个人或团体,可以是独立创作也可以是多位作者合作完成。在学术论文中,作者通常使用真名实姓出现,合作者的排列顺序根据其在完成任务时承担的内容主次和重要性排序,主要作者通常排在前面。

作者单位及联系方式:指作者所属的组织机构和联系方式,包括邮政编码和作者个人的电子邮件地址等信息。提供这些信息有利于读者从团体作者的角度检索文献,并且为对同一课题或项目感兴趣的读者与作者之间建立合作和交流的方式。

文摘:文摘是对论文内容的简要概述,通常包括研究目的、方法、结果和结论等要点。在国家标准《文摘编写规则》(GB6446—86)中,将编写文摘时需要注意的事项归纳为如下八个方面。

(1)客观、如实反映论文的原意:文摘应准确、客观地反映论文的主要内容和作者的观点,特别强调新内容和重要观点。

(2)避免简单重复题名中已有的信息:文摘应该排除学科领域已成为常识的内容,不重复题名中已有的信息。

(3)结构严谨,表达简明,语义确切:文摘一般不分段落,应采用国家颁布的法定计量单位。语言要符合语法规范,保持上下文的逻辑关系。

(4)采用第三人称的写法:文摘应使用第三人称的写法,例如使用"对……进行了研究""报告了……的现状""进行了……的调查"等方式来描述一篇文献的性质和主题,避免使用"本文""作者"等作为主语。

(5)不使用引文:除非该文献证实或否定了他人已出版的著作,否则不使用引文。

(6)使用规范化的名词术语:文摘应采用规范化的名词术语,包括地名、机构名和人名。对于尚未规范化的词,应以文献中使用的方式为准。对于新术语或没有合适的中文术语的情况,可以用原文或译文并在括号中注明原文。同时,要正确使用简化字和标点符号。

(7)商品名需注明学名:若涉及商品名,应同时注明学名。对于缩略语、略称和代号,除非相邻专业的读者能清楚理解,否则在首次出现时必须加以说明。

(8)书写要合乎语法、保持上下文的逻辑关系。

关键词:关键词是用于标识论文主题和内容的术语或短语,用于检索相关文献。文摘和关键词的提供有助于读者快速了解论文的主要内容,并且在进行文献检索时能够准确匹配相关的信息。

以上是论文前置部分的主要内容,它们在整个论文中起到了引导读者、提供信息和建立联系的作用。

2)主体部分

论文的主体部分包括前言(引言)、正文、结论、参考文献和致谢。下面对这些部分进行详细介绍。

前言(引言):前言是论文的起始部分,也称为引言。对于内容复杂、篇幅长的论文,也可以称为"绪论"或"序论"。引言的主要目的是引起读者对整篇论文的兴趣,介绍论文的写作动机、主要内容和作用意义。对于调查报告,还需要说明调查背景和方法。

正文:正文是论文的核心部分,占据论文的主要篇幅。正文的内容可以包括调查方法、调查对象、实验和观测方法及结果、仪器设备、材料原料、计算方法和编程原理、数据资料、经过加工处理的图表、形成的论点和导出的结论等。由于研究工作的不同,正文的内容可能会有很大的差异,但要求内容客观真实、准确完备、逻辑清晰、层次分明、简练可读。

结论:结论是论文的最后部分,集中反映作者的研究成果,表达对所研究课题的见解和主张。结论一般篇幅较短,但应简明扼要、逻辑清晰,让读者对作者的研究成果一目了然。结论的主要内容包括对整个研究工作进行归纳和综合的总结,对所得结果与已有结果的比较,联系实际结果指出其学术意义或应用价值,并提出进一步开展研究的见解与建议。

参考文献:参考文献是学术论文不可缺少的一个组成部分。它是作者引用的有关文献信息资源,尊重他人著作权的标志,反映相关论点、数据、资料的来龙去脉,也是信息资源检索的线索,用于鉴定和确认论文研究成果的重要依据。参考文献的著录需要严格按照国家标准《信息与文献 参考文献著录规则》(GB/T 7714—2015)执行。

致谢:致谢部分是作者对在论文过程中特别需要感谢的组织或个人表示谢意的内容。例如资助研究工作的基金机构、企业,协助完成研究的人员,提供帮助和建议的人员,资料和图片的提供者等。致谢内容应适度、客观,用词谦虚诚恳、实事求是,避免浮夸和庸俗的词句,并与正文连续编页码。

总的来说,论文的主体部分需要包括引言、正文、结论,同时还要包括参考文献和致谢部分。这些部分的撰写需要符合规范和要求,并注重逻辑性、准确性和完整性。

3)附录部分

根据国家标准《科学技术报告、学位论文和学术论文的编写格式》(GB7713—87),附录是对论文主体的补充项目,并非每篇论文都必须包含。附录可以包括以下内容:

(1)对论文主体的补充材料,包括一些比正文更为详尽的信息、研究方法和技术内容,更加深入地叙述,以及对了解正文内容有帮助的其他有用信息。

(2)篇幅过大或不便于编入正文的材料,例如复制品、罕见珍贵资料或其他不便于编入正文的资料。

(3)对一般读者并非必要阅读,但对本专业同行有参考价值的资料。

(4)某些重要的原始数据、数学推导、计算程序、框图、结构图、注释、统计表、计算机打印输出件等。

2. 学术论文的用纸要求及章节编号规范

对于学术论文的用纸要求,建议使用A4(210mm×297mm)标准大小的白纸,便于阅读和处理,并且需要在四周留出空白边缘,方便装订、复制和编辑者批注。上方和左侧应留出25mm以上的空白,下方和右侧应留出20mm以上的空白。

关于章节编号的规范,根据国家标准《标准化工作导则 第1部分:标准化文件的结构和起草规则》(GB/T 1.1—2020),标题层次采用阿拉伯数字连续编码。章节编号应按照阿拉伯数字分级编号,不同层次的数字之间用下圆点"."分隔,末位数字后面不加标点符号。例如,第一级标题为1,第二级标题为1.1,第三级标题为1.1.1,第四级标题为1.1.1.1。

3. 参考文献著录规范

1)选用参考文献的原则

引用目的正当:引用的目的仅限于介绍、评论某一作品或者说明某一问题,不得损害被引用作品著作权人的利益。

引用公开文献:被用作参考文献的应是已经公开发表或发布的文献,并且对自己的研究有启发和帮助的文献。

优选引用版本:如果参考文献有多个版本,应根据引用实际采用情况选择恰当的版本。

不得过度引用:避免过分引用他人作品的主要部分或实质部分,并且不需要注明出处的内容不应作为引文处理。

杜绝虚假引用:对于直接或间接引用别人的观点、思想、论据、成果、数据等,必须在文中以参考文献形式加以标注,避免剽窃或伪著录、假引用的行为。

2) 参考文献著录规则

我国参考文献著录标准为《信息与文献 参考文献著录规则》(GB/T 7714—2015)。该标准规定了采用顺序编码制和著者—出版年制两种参考文献标注方式,其中顺序编码制较为常用。

一般论文常用的参考文献类型包括专著、连续出版物(如期刊)、专利文献和电子文献。根据不同类型的文献,著录格式有所不同,包括主要责任者、题名、其他题名信息、版本项、出版地、出版者、出版年、引文页码、引用日期、获取和访问路径等信息。

《信息与文献 参考文献著录规则》(GB/T 7714—2015)中提供了详细的著录规则和示例,可供参考。

(1) 专著(单行本)。

书籍格式:主要责任者. 题名:其他题名信息[文献类型标志]. 其他责任者. 版本项. 出版地:出版者,出版年:引文页码[引用日期]. 获取和访问路径.

示例:唐绪军. 报业经济与报业经营[M]. 北京:新华出版社,1999:117-121.

(2) 连续出版物(期刊论文)。

期刊论文格式:主要责任者. 文献题名[文献类型标志]. 连续出版物题名:其他题名信息,年,卷(期):页码[引用日期]. 获取和访问路径.

示例:李晓东,张庆红,叶瑾琳. 气候学研究的若干理论问题[J]. 北京大学学报:自然科学版,1999,35(1):101-106.

(3) 专利文献。

专利文献格式:专利申请者或所有者. 专利题名:专利国别,专利号[文献类型标志]. 公告日期或公开日期[引用日期]. 获取和访问路径.

示例:姜锡洲. 一种温热外敷药制备方案:中国,88105606.3[P]. 1989-06-26.

(4) 电子文献。

电子文献格式:主要责任者. 题名:其他题名信息[文献类型标志/文献载体标志]. 出版地:出版者,出版年(更新或修改日期)[引用日期]. 获取和访问路径.

示例：萧钰. 出版业信息化迈入快车道[EB/OL].（2001-12-19）[2002-04-15]. http://www.creader.com/news/20011219/200112190019.html.

在著录格式中，文献类型标志用于标识文献类型（如 M 表示专著，J 表示期刊论文，P 表示专利文献），文献载体标志用于标识文献的电子载体类型（如 OL 表示在线，EB 表示电子公告）。

第6章 信息检索发展趋势及挑战

6.1 大数据、机器学习和人工智能在信息检索中的应用

大数据、机器学习和人工智能是当今信息检索领域的重要研究方向,它们的应用正在深刻地改变着信息检索的方式和效果。在本章中,我们将深入探讨大数据、机器学习和人工智能在信息检索中的应用。

6.1.1 大数据在信息检索中的应用

随着互联网和数字化技术的快速发展,大量的数据被产生、传输和存储,形成了所谓的大数据。这些数据包括了各种类型的信息,如文本、图像、音频、视频、社交网络数据等。大数据在信息检索中的应用主要体现在以下五个方面。

数据挖掘和信息提取:大数据中包含了丰富的信息,通过数据挖掘和信息提取技术,可以从中提取出有价值的信息。例如,通过挖掘社交网络中的用户行为和兴趣信息,可以为用户提供个性化的推荐结果;通过挖掘文本数据中的关键词、实体和情感等信息,可以实现更加精准的文本检索和情感分析。

数据处理和存储:大数据的处理和存储是信息检索中的一项重要任务。传统的信息检索系统在面对大数据时可能会面临处理速度慢、存储空间不足等问题。因此,需要采用分布式、并行和高效的数据处理与存储技术,如 Hadoop、Spark、NoSQL 等大数据处理和存储工具及技术来应对大数据的挑战。

数据融合和信息融合:大数据中的信息往往分布在不同的数据源中,包括结构化数据和非结构化数据。数据融合和信息融合技术可以将不同数据源中的信息进行融合,从而形成更加全面和一致的信息。例如,在信息检索中,可以通过将来自不同数据源的文本、图像和音频数据进行融合,从而得到更加全面和多样化的检索结果。

数据可视化和用户交互:大数据通常包含了复杂和多维的信息,通过数据可视化和

用户交互技术,可以将大数据中的信息以直观和易懂的方式展示给用户,从而帮助用户更好地理解和分析数据。例如,在信息检索中,可以通过图表、地图、网络图等形式将检索结果进行可视化展示,从而帮助用户更加方便地浏览和理解搜索结果,提升用户体验。

实时数据处理和快速检索:随着互联网和数字化技术的发展,大数据在信息检索中的应用也要求越来越高的实时性和快速性。例如,实时搜索引擎需要能够在海量的数据中快速定位到用户的查询,并返回实时的搜索结果。实时推荐系统需要能够实时地分析用户的行为和兴趣,并推荐相关的内容。因此,实时数据处理和快速检索技术成为大数据在信息检索中的重要应用。

6.1.2　机器学习在信息检索中的应用

机器学习是一种基于数据和算法的方法,通过让计算机从经验中学习并优化模型,从而实现对复杂问题的自动处理和决策。在信息检索中,机器学习可以应用于以下五个方面。

检索模型和排序算法:传统的信息检索系统通常使用基于规则和启发式的检索模型和排序算法,但这些方法可能无法充分利用大数据,满足复杂的用户需求。而机器学习可以通过从大数据中学习用户的搜索行为和兴趣,优化检索模型和排序算法,从而提供更加准确和个性化的搜索结果。例如,基于机器学习的检索模型和排序算法,如 BM25、RankNet、RankBoost、LambdaMART 等,已经在信息检索中取得了显著的性能提升。

查询扩展和推荐系统:查询扩展和推荐系统是信息检索中的重要功能,可以帮助用户更好地表达查询意图并获取相关的搜索结果。机器学习可以通过学习用户的搜索行为和兴趣,自动推断用户的查询意图,并通过查询扩展和推荐算法为用户提供更加精准和个性化的搜索结果。例如,基于机器学习的查询扩展和推荐算法,如 LDA、Word2Vec、DeepMatch 等,已经在信息检索中得到了广泛应用。

实体识别和关系抽取:实体识别和关系抽取是信息检索中的重要任务,可以帮助用户更好地理解和分析文本中的实体及关系。机器学习可以通过从大数据中学习实体和关系的模式及规律,自动识别文本中的实体并抽取实体之间的关系,从而为信息检索提供更加丰富和深入的信息。例如,基于机器学习的实体识别和关系抽取算法,如 CRF、BiLSTM、BERT 等,已经在信息检索中得到了广泛应用。

用户建模和个性化搜索:用户建模是信息检索中的关键任务,可以通过对用户的搜索行为、兴趣和反馈进行建模,从而为用户提供个性化的搜索体验。机器学习可以通过从大数据中学习用户的兴趣和偏好,自动构建用户模型,并在搜索过程中根据用户模型进行个性化推荐和排序。例如,基于机器学习的用户建模技术,如协同过滤、基于内容的推荐、深度学习推荐等,已经在信息检索中得到了广泛应用。

文本分类和情感分析:文本分类和情感分析是信息检索中的重要任务,可以帮助用户更好地理解和分析文本内容。机器学习可以通过从大数据中学习文本的特征和模式,自动对文本进行分类和情感分析,从而为信息检索提供更加精准和深入的分析。例如,基于机器学习的文本分类和情感分析算法,如朴素贝叶斯、支持向量机、卷积神经网络等,已经在信息检索中得到了广泛应用。

6.1.3 人工智能在信息检索中的应用

人工智能是一种以模拟人类智能行为为目标的技术,包括自然语言处理、知识表示与推理、图像识别、语音识别等多个领域。在信息检索中,人工智能可以应用于以下五个方面。

自然语言处理和语义搜索:自然语言处理是人工智能的一个重要研究领域,可以帮助计算机理解和处理人类语言。在信息检索中,自然语言处理可以用于构建语义搜索模型,从而能够理解用户查询的语义和意图,而不仅仅是匹配关键词。例如,基于人工智能的语义搜索技术,如词向量模型、语义匹配模型、深度语义表示模型等,可以帮助搜索引擎更好地理解和处理用户的查询。

图像识别和视觉搜索:随着图片和视频在互联网中的广泛应用,图像识别和视觉搜索成为信息检索中的重要任务。人工智能可以通过图像识别技术,自动识别图片中的对象、场景和情感,并为用户提供基于图片的搜索和推荐。例如,基于人工智能的图像识别和视觉搜索技术,如卷积循环神经网络、卷积神经网络等,已经在信息检索中得到了广泛应用。

语音识别和语音搜索:语音识别技术是人工智能的重要应用领域之一,可以将语音信号转换为文本。在信息检索中,语音识别可以用于实现语音搜索,让用户通过语音输入查询信息。例如,语音助手如 Siri、Alexa、Google Assistant 等,已经在信息检索中广泛应用了语音识别和语音搜索技术,使得用户可以通过语音进行搜索并获取结果。

知识图谱和推荐系统:知识图谱是一种结构化的知识表示方式,可以将丰富的实体和关系表示为图形结构。在信息检索中,知识图谱可以用于构建丰富的知识库,从而为用户提供更加深入和全面的信息检索服务。例如,谷歌的知识图谱和百度的百科知识图谱,已经在搜索引擎中应用了知识图谱技术,从而能够为用户提供更加丰富和精准的搜索结果。推荐系统也是信息检索中的重要应用领域,可以通过分析用户的兴趣和行为,自动推荐相关的信息和内容。例如,基于人工智能的推荐系统技术,如协同过滤、内容推荐、深度学习推荐等,已经在信息检索中得到了广泛应用。

智能问答和对话系统:智能问答和对话系统是信息检索中的研究热点,可以通过模拟人类的问答行为,为用户提供更加智能化和个性化的搜索体验。人工智能可以通过对用户的查询进行语义解析、对话管理和生成回复,实现智能的问答和对话交互。例如,基于人工智能的问答系统,如 IBM Watson、阿里云小蜜、微软小冰等,已经在信息检索中应用了智能问答和对话系统技术,能够根据用户的查询和上下文生成相关的回答和对话。

6.2 新技术和新方法对信息检索的影响和挑战

新技术和新方法给信息检索领域带来了深刻的影响及挑战,主要体现在以下八个方面。

数据规模和复杂性的增加:随着大数据时代的到来,信息检索面临着大规模、高维度、多源性和复杂性的数据。传统的信息检索方法在处理大规模数据时可能面临效率低下、存储空间不足等问题。因此,新技术和新方法如分布式计算、云计算、并行处理等对信息检索系统进行了优化,使其能够更好地处理大规模和复杂性数据。

语义理解和内容理解的需求:传统的关键词检索方式在处理用户查询时往往只考虑关键词的匹配,而忽视了查询的语义和内容。随着自然语言处理、文本挖掘、语义分析等技术的发展,用户对于更加智能化和语义化的信息检索方式提出了更高的要求。新技术和新方法如基于语义的检索、知识图谱、情感分析等在信息检索中得到了广泛应用,能够更好地理解用户查询的语义和内容,提供更加精准和个性化的搜索结果。

用户行为和用户体验的变化:随着移动互联网和社交媒体的普及,用户的信息检索行为和需求也发生了变化。用户对于信息的获取方式、信息的呈现形式、搜索结果的排序方式等提出了更高的要求。新技术和新方法如个性化推荐、社交网络分析、用户行为建模等在信息检索中得到了应用,可以根据用户的兴趣、行为和偏好,为用户提供更加个性化和满意的搜索结果。

多媒体信息的处理需求:传统的信息检索主要针对文本信息进行检索,但随着多媒体信息如图片、视频、音频等在互联网上的广泛应用,用户对于多媒体信息的检索需求也不断增加。新技术和新方法如图像识别、视频分析、音频处理等在信息检索中得到了应用,能够更好地处理多媒体信息的检索需求,为用户提供更加丰富和多样化的搜索结果。

数据隐私和安全保护的挑战:随着信息技术的发展,用户的个人信息和隐私日益受到关注。信息检索系统需要保护用户的隐私,确保用户的个人信息不被滥用和泄漏。新技术和新方法如隐私保护技术、加密技术、身份验证等在信息检索中得到了应用,能够更好地保护用户的隐私和信息安全,但同时也带来了更加复杂的数据隐私和安全保护挑战。

多语言和跨文化信息检索的需求:随着全球化的推进,用户对于多语言和跨文化信息检索的需求不断增加。传统的信息检索方法在处理多语言信息时可能面临语言障碍、语义差异等问题。新技术和新方法如跨语言信息检索、机器翻译、跨文化信息处理等在信息检索中得到了应用，能够更好地满足用户在多语言和跨文化环境下的信息检索需求。

不确定性和动态性的处理挑战：互联网上的信息呈现出不确定性和动态性的特点，包括信息的时效性、可靠性、完整性等。传统的信息检索方法在处理不确定性和动态性的信息时可能面临挑战，如信息更新速度快、信息可靠性难以保证等。新技术和新方法如实时检索、信息融合、信息质量评估等在信息检索中得到了应用，能够更好地处理不确定性和动态性的信息，提供更加准确和可靠的搜索结果。

信息伦理和社会影响的考量：信息检索涉及大量的用户数据和信息资源，涉及信息伦理和社会影响的问题，如信息的权威性、信息的真实性、信息的公平性等。新技术和新方法在信息检索中的应用需要考虑信息伦理和社会影响的因素，确保信息检索系统的使用是合法、合规、公平和负责任的。

总的来说，新技术和新方法给信息检索领域带来了许多机遇，能够改进信息检索系统的性能、提高用户体验、满足用户多样化的需求。然而，新技术和新方法的应用也带来了一系列挑战，包括大数据处理、语义理解、用户行为建模、多媒体信息处理、数据隐私保护、多语言和跨文化信息检索、不确定性和动态性处理、信息伦理和社会影响等方面的问题。解决这些挑战需要信息检索研究者和从业者不断创新和改进技术方法，保持对技术发展的关注和敏锐的洞察，同时也需要考虑信息检索的社会、法律、伦理等方面的问题，确保信息检索系统的使用是合法、合规、公平和负责任的。

主要参考文献

蔡晓妍,杨黎斌,程塨,等,2022.文本挖掘与信息检索概论[M].北京:清华大学出版社.

樊瑜,吴少杰,2021.信息检索与文献管理[M].武汉:华中科技大学出版社.

李春溪,2021.高校图书馆文献信息检索探究[M].重庆:重庆大学出版社.

欧阳剑,2015.泛在信息环境下图书馆信息资源组织研究[M].北京:知识产权出版社.

通识教育规划教材写组,2019.新编信息检索教程 慕课版[M].北京:人民邮电出版社.

《图书情报工作》杂志社,2016.新环境下图书馆用户信息行为[M].北京:海洋出版社.

王爱,2014.图书馆信息共享与信息集群研究[M].成都:西南财经大学出版社.

王欢,2022.高校图书馆信息资源建设与实践[M].长春:吉林大学出版社.

徐庆宁,陈雪飞,2018.新编信息检索与利用[M].4版.上海:华东理工大学出版社.

杨云川,杨晶,王清晨,等,2018.信息元素养与信息检索[M].北京:电子工业出版社.

于喜展,孙志梅,2017.信息检索实践教程[M].南京:南京大学出版社.

张路,2019.大数据时代高校图书馆信息服务创新研究[M].长春:吉林人民出版社.

张现龙,2020.大学图书馆信息服务与信息素养教育理论与实践研究[M].南京:河海大学出版社.

张永忠,2010.信息检索与利用[M].上海:复旦大学出版社.

赵丹群,2008.现代信息检索:原理、技术与方法[M].北京:北京大学出版社.

赵乃瑄,冯君,俞琰,2018.实用信息检索方法与利用[M].3版.北京:化学工业出版社.